« Des ouvrages très ludiques écrits comme des guides pratiques. » FRANCE 3 AQUITAINE

« Le livre *Famille Zéro Déchet*, à la fois un guide de bord pas triste et guide pratique vous mènera au but en vous épargnant bien des pièges. » FONDATION NICOLAS HULOT

« Si vous voulez plein de conseils concrets, lisez *Famille Zéro Déchet*. »
LA QUOTIDIENNE – FRANCE 5

« Cet ouvrage illustré fourmille de conseils pratiques et d'alternatives simples pour basculer dans le mode zéro déchet ou presque. » LCI

Reporterre
le quotidien de l'écologie
FONDATION NICOLAS HULOT POUR LA NATURE ET L'HOMME
Télérama
la quotidienne
LCI
l'express
Le Monde
Libération

Famille en transition

SOMMAIRE

Introduction : P11

- Le changement c'est moi 12
- Réalité augmentée 13
- L'écosystème nous alerte chaque jour, écoutons-le 15
- La transition écologique est une opportunité 15

Chapitre 1. Notre vie est un iceberg : P19

- Rien ne se perd, rien ne se crée, tout se transforme 20
- Notre mode de vie surconsommateur est un iceberg 21
- Notre empreinte carbone cachée 22
- Notre empreinte eau cachée 25
- Notre empreinte cachée sur les ressources 29
- Notre empreinte écologique 31
- La sixième extinction de masse 32
- Plus chaud encore que nous l'avions envisagé 32

Chapitre 2. Les cornichons de la mondialisation, c'est nous ! P35

- Oil in all, oil for all 36
- Une finance en forme de château de cartes 40
- Les cornichons de la mondialisation, c'est nous ! 43

Chapitre 3. La croissance verte ou le développement durable 2.0 .... P49

- Surtout ne changez rien, on s'occupe de tout ! 50
- La technologie nous sauvera... ou pas 54
- Le mythe de l'économie circulaire et du tout recyclable 59
- Les solutions ? 64

Chapitre 4. La révolution commence par soi-même.......P67
- Lost in Transition 68
- La Transition c'est changer de modèle 70
- Je suis responsable 72
- La démarche NégaWaste 78

Chapitre 5. 1,5 milliard de Chinois, et moi et moi et moi... La Transition en actes P85
- Mais par où commencer ? 86
- Le podium de notre impact environnemental... 90
- Alors, avoir une démarche zéro déchet, ça vaut le coup ?... 93

Chapitre 6. Ma transition financière : la priorité.......... P95
- Dormez citoyens, on s'occupe de tout... 96
- Reprendre le contrôle de notre argent 100
- Les Actions :
1 - Placer son argent dans des projets solidaires et responsables 102
2 - Changer de banque ! 105
3 - Placer son argent sur des produits de placements responsables dans votre banque 105

Chapitre 7 : Ma transition des transports P111
- Mes transports : Mon deuxième impact 113
- La voiture pollue l'air mais aussi l'eau ! 114
- Les Actions :
1 - Réduire au maximum l'avion 117
2 - Réduire les transports en voiture 119
3 - Changer son alimentation... ah bon ? 124

Famille en transition

Chapitre 8 : ma transition du logement P127

- Des matériaux de construction énergivores 131
- Notre empreinte en eau n'est pas dans la douche 132
- Le miracle de l'économie circulaire aura-t-il lieu ? 133
- **Les Actions :**
  - **1 - Construire ou rénover mon logement en matériaux écologiques et locaux** 136
  - **2 - Réduire les consommations énergétiques directes : chauffage et appareils ménagers** 138
  - **3 - Réduire l'empreinte en eau de mon logement** 138
  - **4 - Choisir l'autonomie énergétique** 140

Chapitre 9 : ma transition alimentaire P143

- Après la peur de l'emploi, la peur de manquer 144
- Moins mais mieux 149
- Trop de pétrole dans les assiettes 150
- Une agriculture industrielle trop gourmande en eau 151
- Des sols de moins en moins riches 152
- **Les Actions :**
  - **1 - Consommer bio et local, c'est l'idéal** 154
  - **2 - Développer l'autosuffisance alimentaire des territoires** 157
  - **Action personnelle : soutenir la production locale** 158
  - **Action collective : engagez-vous qu'ils disaient !** 160

Chapitre 10 : ma transition conso P165

- L'argent, c'est du temps 166
- Une catastrophe sur le plan humain 169
- De l'eau, de l'eau, toujours de l'eau 171
- Le tout numérique, l'inverse du progrès pour l'environnement 172
- **Les Actions :**
  - **1 - Réduire sa consommation de biens** 181
  - **2 - Mutualiser, louer, partager plutôt qu'acheter** 182

3 - Acheter d'abord d'occasion 184
4 - Acheter des produits qui durent 184
5 - Acheter des produits réparables et réparer 185
6 - Acheter des produits les plus locaux possible 185
7 - Acheter des produits écoconçus 186
8 - Acheter des produits recyclables et recyclés 187

Chapitre 11 : Ma transition publique P189

- Un faible impact pour les services rendus ! 191
- Les Actions :
  1 - Sur la santé : réduire l'utilisation des services de santé à la source 194
  2 - Sur l'éducation : agir et faire pression 196

Chapitre 12 : Ben et mon travail ? Ma transition professionnelle P201

- Je suis deux : pro et perso 202
- Le travail, une indispensable transition 203
- Les Actions :
  1 - Entreprendre autrement 207
  2 - Mettre ses compétences au service de la Transition en rejoignant des entreprises sociales écologiques 208
  3 - Se reconvertir 208

Conclusion P211

- 2,1 tonnes, notre quota individuel annuel 212
- Notre plan d'action famille « presque » Zéro Déchet 215
- Un plan Marshall collectif pour la Transition 219

Bibliographie P221

-INTRODUCTION-

FAMILLE EN TRANSITION

LE CHANGEMENT C'EST MOI

Moi l'individu. Le parent, le travailleur, le citoyen. N'attendons plus que les autres fassent le changement pour nous. Surtout, cessons de renvoyer la responsabilité aux autres, aux industriels, à Trump ou à nos ministres et prenons aussi les nôtres. L'état catastrophique de notre planète est avant tout le résultat de nos modes de vie, de nos empreintes individuelles cumulées. Vous, moi et notre train de vie occidental.

> « Chaque humain sur Terre ne devrait pas émettre plus de 2,1 tonnes éq. CO_2 par an. En France, nous en sommes à cinq fois plus. »

Dépassons la culpabilisation et passons à la responsabilisation. Pour être responsable et limiter le réchauffement climatique à 2 °C, chaque humain sur Terre ne devrait pas émettre plus de 2,1 tonnes éq. CO_2 par an. En France, nous en sommes à cinq fois plus ; sans compter l'activité de nos banques, donc de notre argent, hors de nos frontières ! Nous vivons au-dessus de nos moyens écologiques. Et ce quota d'émissions de CO_2 par personne diminuera au fur et à mesure de la croissance démographique : à 9 milliards d'individus en 2050, il sera de 1,9 tonne. À 12 milliards en 2100, il sera de 1,2 tcnne. Ce quota de 2,1 tonnes est le même pour chaque être humain, que l'on soit au SMIC ou à l'ISF, habitant des favelas de Rio ou footballeur pro. **Les émissions carbone sont à l'image de notre société : profondément inégales.** Ce qui nous pe-met de mesurer l'ampleur du changement que chacun de nous, pauvre ou riche, **devrait** accepter.

Première bonne nouvelle : notre système économique « carboné » n'est pas une fatalité, les solutions existent ! Rendons hommage aux pionniers, aux premiers agriculteurs en biodynamie que l'on a traités de fous, aux premiers constructeurs de maisons en paille à qui l'on a renvoyé la fable des *Trois Petits Cochons*, et suivons-les dans le XXIe siècle. Deuxième bonne nouvelle, ces solutions créent du bien-être, de la richesse et de la paix sociale. Il va falloir les généraliser, les faire grandir.

Nous proposons avec ce livre d'évaluer le mode de vie d'une famille française type, en nous basant sur le bilan carbone de sa consommation annuelle, ainsi que l'Analyse de Cycle de Vie (ACV) de certains domaines de la vie quotidienne comme l'alimentation et le numérique. **Nous souhaitons déterminer les actions prioritaires à mener pour rendre notre mode de vie soutenable pour la survie de l'espèce,**

en respectant les 2,1 tonnes de CO_2 par personne. Avoir une vue d'ensemble et prioriser ses actions est indispensable. Car quel intérêt de souscrire une assurance-vie si c'est pour financer les énergies fossiles ? Quel intérêt de manger végé bio local toute l'année si l'on prend l'avion tous les deux mois ? Quel intérêt de passer aux énergies renouvelables et d'avoir trois écrans plats et deux ordinateurs à la maison ? Redéfinissons notre mode de vie en sortant du système industriel productiviste. En refusant l'alimentation industrielle, la finance spéculative, le nucléaire, le tout chimique, le tout béton..Nous sommes convaincus que la clé du changement passe par l'individu. Le changement c'est moi. L'action individuelle est de plus le préalable à l'action globale et politique. « La révolution commence par soi-même ! »

RÉALITÉ AUGMENTÉE

Pour les plus climato-sceptiques d'entre nous, rappelons que chaque degré supplémentaire de réchauffement dégrade considérablement les conditions d'habitabilité de la Terre. Un degré de plus signifie 10 % *a minima* et plus à chaque degré supérieur de perte du rendement agricole mondial. Sachant qu'aujourd'hui 900 millions de personnes souffrent déjà de malnutrition, **projetons-nous en 2100 avec une augmentation de 5 °C, et donc 50 % de perte minimum (et sans doute beaucoup plus car ce n'est pas linéaire...) de rendement pour une population de 12 milliards de personnes.** De plus, pour chaque demi-degré d'augmentation de la température, ce sont 10 à 20 % de risques de conflits armés supplémentaires sur Terre selon les professeurs Burke et Hsiang des universités de Stanford et Berkeley[1]. Au fur et à mesure de la raréfaction des ressources, les humains risquent de se battre pour les posséder, plutôt que de les partager. Le réchauffement climatique signifie une dégradation majeure des conditions de vie sur Terre, une perte irréversible de la biodiversité et de grandes migrations humaines. De plus, pour chaque degré de réchauffement, nous allons un peu plus vers un effet d'emballement. Le permafrost, le sol gelé des régions glaciaires, a commencé à fondre et peut rejeter potentiellement plus de CO_2 et de méthane dans l'atmosphère que nous n'en avons émis durant l'ère industrielle.

1. M. Burke, S.M. Hsiang, E. Miguel. *Climate and conflict. Annual Review of Economics, août 2015 in Cyril Dion. Petit Manuel de résistance contemporaine. Actes Sud, 2018*

Le statu quo de notre système actuel signifierait donc purement et simplement la destruction de notre écosystème et de nos sociétés[2].

Depuis presque deux siècles, l'Homme industriel a développé les moyens de dompter la nature pour s'en extraire, s'en affranchir. Et sa nouvelle aptitude numérique ouvre le champ d'un nouveau développement, d'un nouveau rapport à l'Espace-Temps unique dans son histoire. L'adjectif que nous lui attribuons est d'ailleurs éloquent : la vie « augmentée ». Mais nous sommes toujours des mammifères. Des bipèdes. Une espèce parmi les autres dans la chaîne alimentaire. Voilà donc toute l'ironie de la situation, **c'est au moment où nos sociétés atteignent, avec le numérique, le point le plus avancé dans notre quête de nous affranchir des contraintes naturelles, que la Nature nous rappelle combien nous en sommes dépendants.** Notre ordinateur dépend bien de l'extraction de minerais, le contenu de notre assiette du travail des vers de terre et des champignons, notre oxygène des émissions du monde végétal et océanique. Nous sommes ultraconnectés. Pas à la box, hein... mais au milieu naturel, chaque jour, dans chaque action, dans la réponse à nos besoins, des plus primaires aux plus évolués. Quand nous tirons la chasse d'eau, nous rendons nos émissions au cycle de l'eau, quand nous mangeons nous prélevons dans le milieu naturel, quand nous nous déplaçons nous prélevons de la matière et émettons des gaz dans l'atmosphère, quand nous respirons, quand nous nous connectons, quand nous jouons... Chaque action est un prélèvement, chaque geste une émission. Le zéro impact n'existe pas, mais la marge de manœuvre est immense entre le zéro et le 300 % d'impact dans lequel nous nous trouvons. Et encore, l'augmentation conjointe des activités industrielles et de la démographie n'a pas encore atteint son point culminant. À savoir 12 milliards d'individus à la fin du siècle, et un modèle consumériste débridé sur tous les continents.

2. *Dominique Bourg. Le Monde, 14 décembre 2018. https://www.lemonde.fr/climat/article/2018/12/14/dominique-bourg-la-priorite-politique-devrait-etre-de-preserver-l-habitabilite-de-la-planete_5397247_1652612.html*

L'ÉCOSYSTÈME NOUS ALERTE CHAQUE JOUR, ÉCOUTONS-LE

Il est urgent de redéfinir notre rapport à notre environnement et préserver notre cadre de vie. De repenser notre rapport au progrès, aux autres, à nous-mêmes. Une urgence physique, car nous hypothéquons notre survie même sur cette Terre dans de bonnes conditions. Une urgence humaine : 3 milliards d'individus vivent aujourd'hui avec moins de 2 dollars par jour. Un enfant meurt de faim toutes les 5 secondes. Et le Congo vit une catastrophe humaine dans l'indifférence la plus totale : 4 millions de morts en 20 ans pour l'exploitation de ses réserves minérales, dont le cobalt de nos smartphones. Réalité augmentée. **Notre modèle de développement et de civilisation basé sur la division du travail, la délocalisation, le pillage et la spéculation, est aberrant car contre-productif socialement et écologiquement.** Notre système a abouti à la raréfaction des ressources : eau, énergies fossiles, métaux, ressources végétales, halieutiques, animales marquant désormais les limites physiques de ce système et l'impasse dans laquelle nous nous trouvons tous. La fin de ce monde, son effondrement en cours nous donne l'occasion de changer de modèle et de construire demain en honorant la Vie et l'Humain[3].

LA TRANSITION ÉCOLOGIQUE EST UNE OPPORTUNITÉ

« LA CATASTROPHE N'EST PAS UNE CRISE FINANCIÈRE, ÉCONOMIQUE, ÉCOLOGIQUE, POLITIQUE, SOCIALE OU CULTURELLE. ELLE EST TOUT CELA À LA FOIS ET SIMULTANÉMENT, CE EN QUOI ELLE EST TOTALEMENT INÉDITE. C'EST UNE CRISE ANTHROPOLOGIQUE ».

Yves Cochet, discours à l'Assemblée nationale, crise des subprimes 14/10/2008.

Nous sommes confrontés à une crise unique dans l'histoire de notre civilisation. **Nous devons redéfinir le système et pas seulement le peindre en vert. Faire une Transition écologique, au sens global du terme, c'est-à-dire écosystémique : économique, environnementale, sociale, politique.** C'est une illusion et une fuite en avant de penser qu'une quelconque technologie puisse transformer, par miracle de

3. *Corine Pelluchon. Éthique de la considération. Seuil, 2018*

performance, notre surconsommation individualiste en un impact soutenable pour l'écosystème. Il n'y a pas d'énergie propre, ni de croissance verte, ni d'objet durable. Seuls les modes de vie sont durables[4]. Ce dont nous avons besoin c'est d'honnêteté et d'engagement de chacun d'entre nous. D'honnêteté de chacun pour reconnaître que sa façon de vivre est incompatible avec un équilibre écologique et humain sur Terre. D'engagement de chacun pour être soi-même le changement et modifier son mode de vie. C'est à ce prix que nous limiterons le changement climatique à 3, 4 ou 5 °C, seul objectif encore envisageable à ce jour. *« Il est désormais trop tard pour empêcher que le changement climatique ait des impacts sévères. Mais il n'est pas encore trop tard pour les limiter et pour éviter un emballement incontrôlable du système climatique. »* rappelle Dominique Bourg[5], philosophe et professeur à la Faculté des géosciences et de l'environnement de l'université de Lausanne.

« Il n'y a pas d'énergie propre, ni de croissance verte, ni d'objet durable. Seuls les modes de vie sont durables. »

Entre le communisme anéanti en 1989 et le libéralisme dur sorti grand gagnant de la guerre froide du xxe siècle, il existe une autre voie : celle du bon sens, du partage, de l'intérêt général. La voie de ***« la relocalisation contre la globalisation, le ralentissement contre le culte de la vitesse, le retour à l'idée coopérative contre l'esprit de concurrence, la gratuité contre la marchandisation »***[6]. Une voie que nous devons inventer et dont on voit déjà de nombreuses prémices. Car l'innovation sociale est à l'œuvre. L'innovation économique aussi, pas technologique mais bien systémique[7]. Des hommes et des femmes inventent de nouvelles façons d'entreprendre, sociales et solidaires, de nouveaux schémas de financement d'intérêt général, des mécanismes institutionnels plus justes et partagés[8]. Les solutions sont déjà à l'œuvre aujourd'hui. L'entreprise peut être autre chose que ces mastodontes destructeurs et « anthropophages », les bénéficiaires peuvent être d'autres personnes que les actionnaires et les banques spéculatives.

4. Niko Paech. Se libérer du superflu. Rue de l'Échiquier, 2012
5. https://www.lemonde.fr/climat/article/2018/12/14/dominique-bourg-la-priorite-politique-devrait-etre-de-preserver-l-habitabilite-de-la-planete_5397247_1652612.html
6. Paul Ariès. Entretien au Monde le 13 décembre 2018 https://www.lemonde.fr/planete/article/2018/12/13/decroissance-nous-voulons-seulement-passer-d-une-jouissance-d-avoir-a-une-jouissance-d-etre_5397014_3244.html
7. Jean-Marc Borello, Hélène Le Teno. Choisir son monde. Agir au quotidien avec les entreprises sociales écologiques. Éditions de l'Atelier, 2017
8. Espace des acteurs de l'économie sociale et solidaire, http://www.esspace.fr

La Transition écologique est globale. Elle est une belle opportunité de construire le monde demain, d'un point de vue :

ÉCONOMIQUE : en mettant fin aux inégalités et en permettant le partage, une justice économique, une relocalisation de nos emplois et des productions locales résilientes.

ENVIRONNEMENTAL : en modifiant notre empreinte humaine et en sauvant la Terre, notre « maison commune »[9], en repensant notre rapport à la nature (nous faisons partie de l'écosystème, nous ne sommes pas « à côté »), en redonnant une juste place au végétal et à l'animal.

SANITAIRE : en cessant d'être les cobayes de notre système industriel et de nous autodétruire, en réduisant les coûts de santé induits colossaux.

POLITIQUE : en remettant en question notre démocratie représentative en échec, pour une démocratie directe, partagée, locale, décentralisée.

9. https://premierepartie.com/pape-francois-yann-arthus-bertrand-laudato-si.html

-CHAPITRE 1-

NOTRE VIE EST UN ICEBERG

« RIEN NE SE PERD, RIEN NE SE CRÉE, TOUT SE TRANSFORME »

Que nous raconterait Lavoisier si on lui donnait quelques minutes de temps d'antenne entre deux couloirs de pub et le JT ? Que la planète est d'une générosité incroyable. Qu'elle nous donne tout. Et que nous prélevons sans mesure dans son capital fini.

Chaque objet de consommation, chaque vêtement, chaque produit agricole est le fruit d'une transformation de matières premières. À grand renfort d'énergie et d'eau. C'est la traduction écologique de notre système de consommation.

Matières + Énergie + Eau = Produit de conso = ... Un déchet !

Des déchets en tous genres et de toutes matières : organiques, minérales, métalliques, plastiques, chimiques...

Nous sommes dans un système de production linéaire. Extraction-transformation-distribution-consommation. Notre logique productiviste actuelle est très loin d'être circulaire. **Une ligne droite dont le seul intérêt est le profit financier généré à toutes les étapes de la chaîne.** Peu importent les conséquences, nous produisons sans mesure, sans écoconcevoir, sans penser à l'après. L'argent est le seul déterminant pour faire des choix. Quand on aura décimé la dernière forêt tropicale pour y planter du soja, on se rendra peut-être compte que l'argent ne se mange pas et que les mammifères disparus ne se réinventent pas à partir d'un ADN contenu dans un moustique daté du Paléolithique.

« Nous produisons sans mesure, sans penser à l'après. »

Un système de production linéaire

MATIÈRES + ÉNERGIE + EAU = PRODUIT DE CONSO = DÉCHET

NOTRE MODE DE VIE SURCONSOMMATEUR EST UN ICEBERG

« Quand on aura décimé la dernière forêt tropicale pour y planter du soja, on se rendra peut-être compte que l'argent ne se mange pas. »

L'ensemble de l'impact de notre vie de consommateur sur la planète échappe à notre vue. Que notre brosse à dents génère 1,5 kg de déchets lors de son processus de fabrication, nous ne le voyons pas. Que les tomates espagnoles sous serres soient cultivées par des travailleurs sans-papiers marocains, nous ne le voyons pas. Que notre ordinateur nécessite plus de 40 minerais et terres rares différents, nous ne le voyons pas. Que notre argent en banque finance les pires activités émettrices de CO_2 et le changement climatique, nous ne le voyons pas. Volontairement ou pas d'ailleurs, dirait la copine autruche... peut-être préfère-t-on regarder les vitrines, les pubs qui nous font rêver et se focaliser sur notre pouvoir d'achat. Dans ce village-monde où l'usine chinoise tourne à plein régime, la production de nos biens est cachée ou trop peu perceptible. Exit les terrils du Nord, les fumées des fourneaux stéphanois ou les filatures lorraines. On ne pouvait pas les louper ceux-là, pour le coup. Ils ont disparu de la carte postale de nos terroirs... et nos emplois avec. Pourtant, nous continuons à consommer, acheter, jeter. L'impact de ce mode de vie surconsommateur occidental est énorme. L'eau, les matières, l'énergie, tout cela est bien réel. Ici, à l'intérieur de nos frontières, mais surtout là-bas... en Afrique où nous pillons, en Asie où nous fabriquons.

Notre mode de vie surconsommateur est un immense iceberg dont les impacts environnementaux, sociaux et économiques sont cachés. Comment se rendre compte que le jambon qui est dans mon assiette est issu d'un cochon nourri au soja, produit au Brésil suite à la déforestation, responsable de la mort de nombreuses espèces ayant ainsi perdu leur habitat naturel ? C'est la conséquence de la consommation mondialisée et de la délocalisation en cours depuis une cinquantaine d'années. **C'est cet iceberg de vie individuel qui, multiplié par quelques milliards d'individus, donne l'état actuel de notre joulie planète.** Nous sommes donc individuellement et collectivement responsables de l'état écologique désastreux de nos écosystèmes et de l'hypothèque de notre futur. Bonne nouvelle de Shadok, chacun de nous est donc une part de la solution !

NOTRE EMPREINTE CARBONE CACHÉE

> « En France, nous émettons l'équivalent de 12 tonnes de CO_2 par personne par an et 21 tonnes si on y ajoute nos comptes bancaires. »

Notre empreinte carbone correspond à l'ensemble des émissions de CO_2 liées à notre consommation directe de produits (et services), qu'il s'agisse de produits français comme de produits étrangers importés. Selon notre étude, en moyenne, en France, nous émettons l'équivalent de 12 tonnes de CO_2 par personne par an et 21 tonnes si on y ajoute nos comptes courant et épargne en banque. Notre argent en banque, les transports, le logement et l'alimentation représentent à eux quatre 91 % de ces émissions.

Non seulement nos émissions sont « cachées » mais à cela s'ajoute le fait que **nous ne voyons pas le CO_2 émis, contrairement aux déchets bien visibles. Bien difficile de prendre conscience du changement climatique ou de la surexploitation des stocks d'énergies fossiles.** Difficile de passer à l'acte et voir les bienfaits de ses changements de comportement. C'est dans ce vide que les climatosceptiques se sont engouffrés pendant 20 ans pour remettre en question la nécessité de la transition écologique. Aujourd'hui, l'abondance de la littérature scientifique et le consensus politique planétaire nous invitent à accepter les faits climatiques et agir. Cette évaluation de l'empreinte carbone de notre famille va nous permettre de prioriser nos actions et d'en mesurer les effets[1].

L'impact de notre mode de vie (en moyenne par Français)

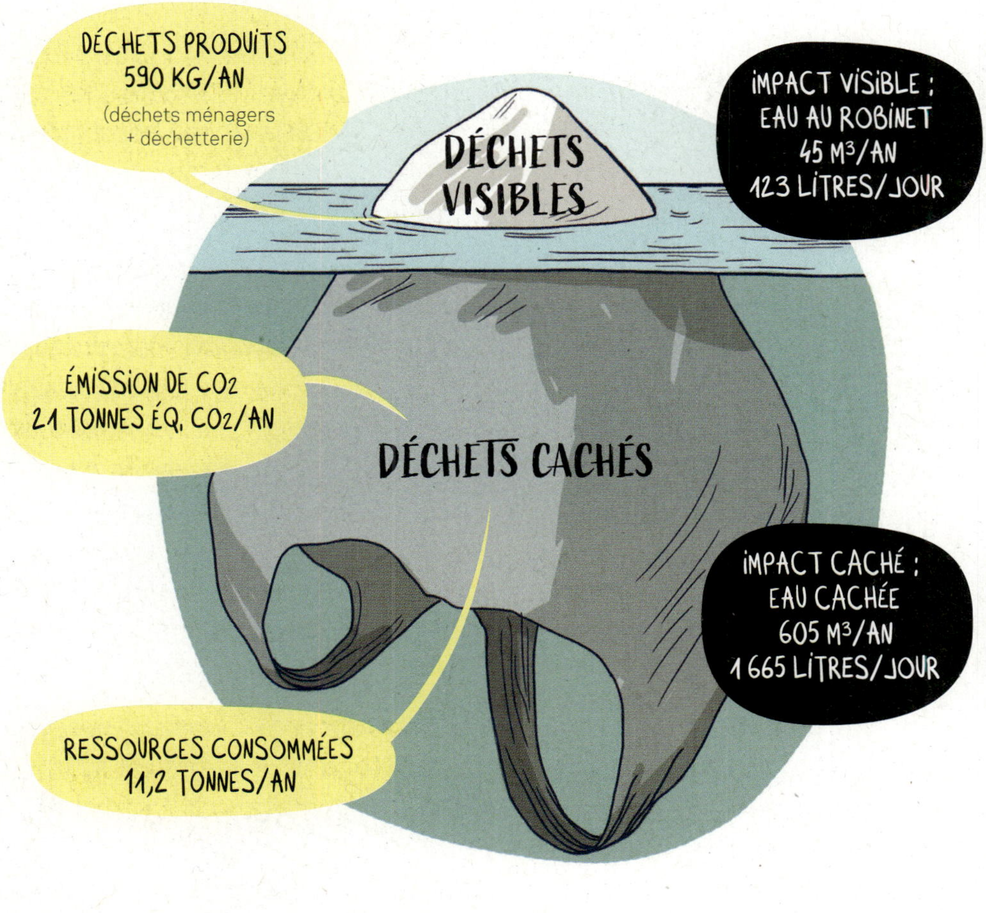

1. Site de mesure de l'empreinte carbone : https://leclimatentrenosmains.org

FOCUS

C'est quoi ces mesures en « éq. » ?

Pas facile de comparer des torchons et des serviettes. Ni des poires ou des pommes. Et encore moins des scoubidous....

« ÉQ. » SIGNIFIE « ÉQUIVALENT ».

L'« équivalent CO_2 » permet de comparer le pouvoir de réchauffement global (PRG) de différents gaz à effet de serre. Le CO_2, principal gaz à effet de serre émis par l'humain, sert de référence. Exemple : le méthane a un pouvoir de réchauffement global 34 fois supérieur à celui du CO_2 sur 100 ans (PRG du méthane = 34 éq. CO_2).

Grâce à ce système de mesure, on peut comparer le pouvoir de réchauffement global d'énergies qui sont complètement différentes. Ainsi on peut comparer le potentiel de réchauffement d'une voiture qui marche au diesel, à celui d'une ampoule qui fonctionne à l'électricité nucléaire ou encore d'une machine chinoise qui fabrique un produit à partir de charbon.

Pour évaluer la toxicité des produits rejetés dans l'eau, l'unité de mesure est l'éq. 1,4-DB, c'est-à-dire l'« équivalent 1,4-dichlorobenzène ». Le 1,4-dichlorobenzène est une substance chimique dérivée du benzène utilisée couramment comme insecticide ou antimite. Ce produit, peu soluble dans l'eau, est hautement toxique pour les organismes aquatiques (et cancérigène pour l'homme). On mesure le pouvoir de toxicité d'un produit chimique rejeté dans l'eau en faisant une équivalence avec une quantité de ce produit-là.

Tiens, du coup et si on devait mesurer les serviettes et les torchons ? Ptêt' prendre le pouvoir d'absorption lors de l'essuyage d'un mètre carré de tissu en équivalence avec le même mètre carré de coton ? S'il y a des bouclettes, on est mal ! Va falloir prendre en compte la surface totale effective d'essuyage. Allez, comptez avec moi : une bouclette, deux bouclettes, trois bouclettes... On fixerait donc l'unité de mesure d'absorption à 1,8 m^2 de laine rouge à grosses bouclettes équivalent, plus communément appelée 1,8 m^2 éq. LRGB. Bon, c'est un exemple hein...

NOTRE EMPREINTE EAU CACHÉE

Tout comme le carbone, notre consommation d'eau et sa pollution liée à notre mode de vie sont totalement invisibles pour nous. Et nous sommes loin de nous rendre compte à quel point l'eau est partout dans notre vie. Indispensable pour notre alimentation, notre énergie, nos produits de consommation... Ainsi, un Français utilise en moyenne 123 litres d'eau visible par jour : toilettes, vaisselles, douches, brossages des dents. Et plus de 1 665 litres d'eau cachée par jour pour son énergie nucléaire, son alimentation et fabriquer tous ses biens de consommation, ce qui correspond à 94 % de sa consommation en eau, soit 650 m³ d'eau par an[2, 3].

« 94 % de notre consommation en eau quotidienne est cachée. »

À cela s'ajoutent deux autres facteurs de pression sur la ressource eau qui sont eux aussi invisibles : les rejets de produits chimiques, ainsi que la délocalisation de nos impacts sur des masses d'eau sensibles, là-bas en Asie... Mon tee-shirt en coton, par exemple, a nécessité 2 kg d'engrais rejetés dans une masse d'eau déjà plutôt mal en point là-bas en Inde, on parle alors de stress hydrique. On ne les voit pas, mais ils appartiennent bien à notre empreinte eau personnelle. Ben oui, c'est mon tee-shirt, c'est moi qui le porte.

Nous mesurons donc notre empreinte eau, c'est-à-dire la pression que nous exerçons sur les ressources en eau, au moyen de trois critères :

- l'eau prélevée (irrigation, refroidissement...),
- l'écotoxicité, c'est-à-dire la quantité de produits toxiques rejetés dans l'eau,
- et enfin l'eutrophisation, liée à l'agriculture intensive et aux engrais qui apportent un excès de nutriments de type azote et phosphore dans l'eau. Cela entraîne la croissance excessive d'algues vertes étouffant le milieu en accaparant les réserves en oxygène et, à terme, la mort de l'écosystème aquatique.

2. https://www.statistiques.developpement-durable.gouv.fr/leau-et-les-milieux-aquatiques-chiffres-cles-edition-2016
3. https://www.eaufrance.fr/actualites/empreinte-eau-quel-niveau-de-pression-exercee-par-les-menages

« La moitié des masses d'eau sur terre est en surexploitation et les deux tiers de l'eau douce sont surpollués. »

Ces impacts sont cachés et nous n'en mesurons pas les conséquences. Le Water Footprint Network[4] estime aujourd'hui que la moitié des masses d'eau sur terre est en surexploitation et que les deux tiers de l'eau douce sont surpollués. Nous le voyons d'autant moins que les masses d'eau concernées sont le plus souvent lointaines, suite à la délocalisation de nos productions. Nous accentuons le stress hydrique. Le stress hydrique est ce qui arrive lorsque la demande en eau dépasse les ressources disponibles. C'est aussi un indicateur qu'on exprime en pourcentages. Plus l'écart entre la demande en eau et la quantité disponible est grande (rareté ou mauvaise qualité de l'eau), plus le stress hydrique est important. Évidemment, et vous vous en doutiez, ce sont les pays déjà mal en point qui subissent le plus le stress hydrique en partie lié à notre consommation. *« En 2007, seule année actuellement disponible pour l'établissement de ce calcul complexe, 15 milliards de m³ ont été utilisés à l'étranger pour produire les biens et services importés par la France. La même année, la quantité d'eau*

Eau cachée associée aux importations en 2007, selon l'usage qui en est fait

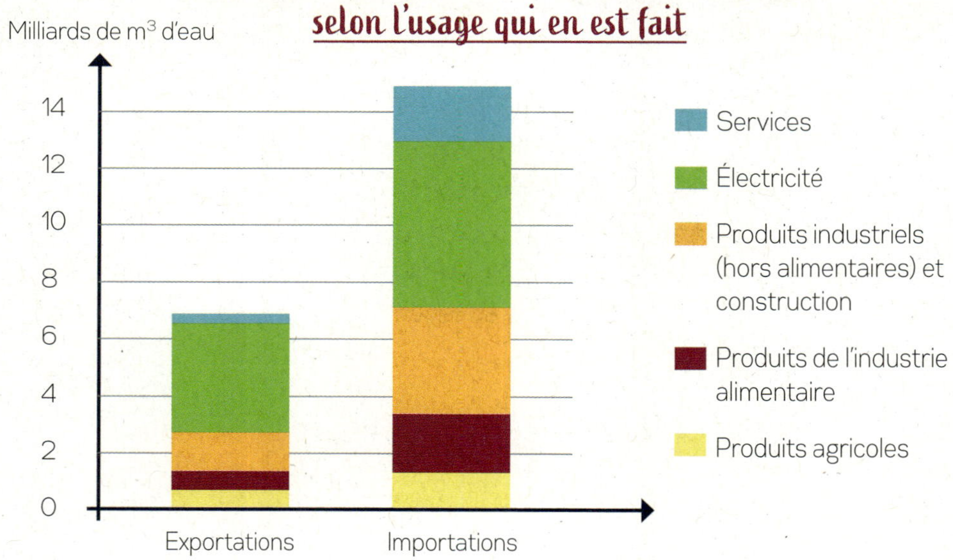

Source : Agence de l'eau; douanes; Eurostat; Insee. Traitements : SOeS, 2012

4. https://waterfootprint.org/en/

utilisée en France pour produire des biens exportés s'élève à 6,6 milliards de m^3. La France est donc virtuellement importatrice nette d'eau associée à ses échanges extérieurs pour 8,4 milliards de m^3. »[5] **Nous le voyons, notre mode de vie ici a un impact majeur sur l'eau là-bas. Encore une fois, nous sommes intimement liés aux pays du Sud et nos avenirs en Transition sont communs.** La Transition alimentaire et énergétique doit nous permettre de relocaliser une partie de nos productions afin de limiter notre pression sur les masses d'eau du Sud. Nous favoriserons leur propre développement et éviterons des conflits destructeurs pour l'or bleu.

Évidemment, le changement climatique ne va qu'accentuer le stress hydrique de certaines régions. Cela se traduit en risques directs pour les communautés humaines : sécheresses, famines, dégradation/érosion des sols, pertes agricoles et économiques, etc. Quand Coca Cola prend 7 litres d'eau pour fabriquer un litre de son soda dans une nappe phréatique indienne, on est en droit de se demander s'il n'y a pas d'autres priorités pour épargner les pays en situation de malnutrition chronique... **Le droit d'accès à l'eau est un enjeu majeur du XXIe siècle.**

Stress hydrique dans le monde
(période 1996-2005)

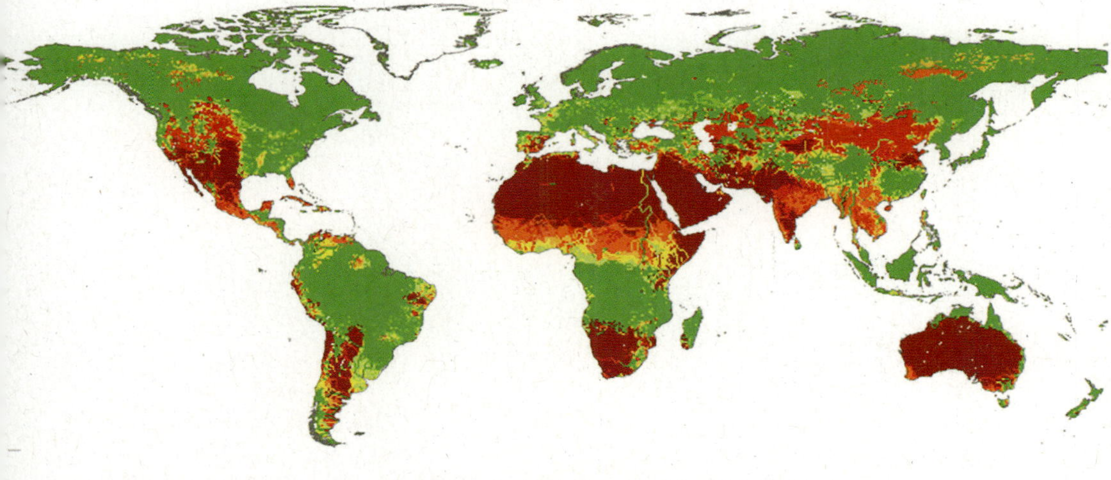

Nombre de mois par an où le stress hydrique est de 100 % ou plus

0	2-3	6-7	10-11
1	4-5	8-9	12

Source : Water Footprint Network. Mekonnen M.M. Hoekstra A.Y. Four billion people facing severe water scarcity, Science Advances 2016; 2(2): e1500323.

5 *https://www.statistiques.developpement-durable.gouv.fr/leau-et-les-milieux-aquatiques-chiffres-cles-edition-2016*

En 2007, l'empreinte eau d'un Français est estimée à 650 m³ d'eau prélevée par an. Seulement 7 % de ce volume proviennent de notre consommation au robinet directement, 55 % sont liés à la production intérieure de biens et services destinés à la consommation des ménages, essentiellement le logement et l'alimentation. Les 37 % restants sont associés à la production des biens importés[6].

« Notre empreinte eau est liée à la fameuse "consommation des ménages", moteur de la croissance économique. »

Notre empreinte eau est liée à la fameuse « consommation des ménages », moteur de la croissance économique. Comme toujours, le même constat systémique pour le même résultat écologique.

Répartition de l'empreinte eau d'un Français par poste de consommation

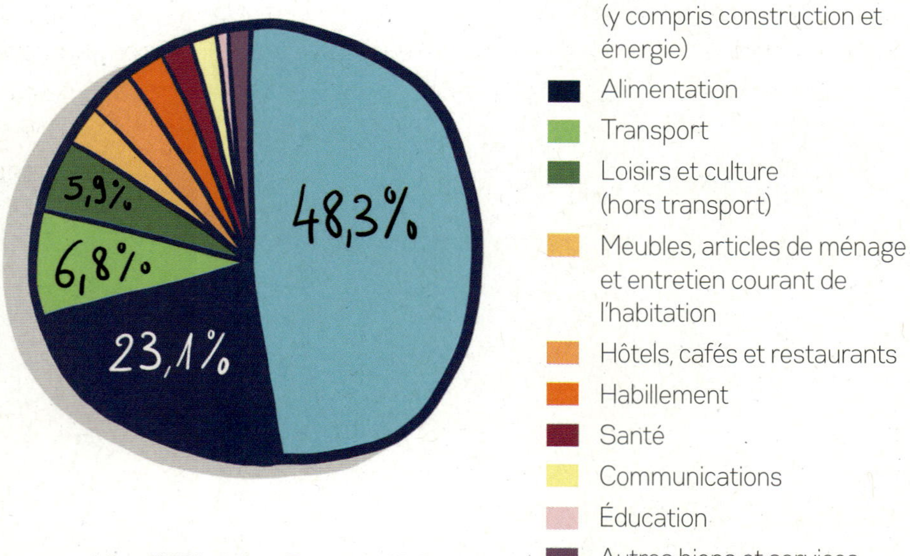

Source : agences de l'eau, FP2E, Ineris, Insee. Traitements : SOeS.

Sites de mesure de son empreinte en eau : https://waterfootprint.org ; www.empreinteh2o.com

6. https://www.statistiques.developpement-durable.gouv.fr/leau-et-les-milieux-aquatiques-chiffres-cles-edition-2016

NOTRE EMPREINTE CACHÉE SUR LES RESSOURCES

Revenons à notre petite équation de la consommation de départ : matières + énergie + eau = produits. C'est-à-dire extraction-transformation-consommation. Tout comme nous surconsommons de l'énergie et de l'eau, nous surconsommons les ressources naturelles. Prenons les principales : minerais, minéraux, combustibles fossiles et biomasse. Nous en utilisons 11,2 tonnes en France par personne chaque année selon l'ADEME[7] voire 16 tonnes selon le PNUE[8]. Nous sommes passés de 6 milliards de tonnes prélevés en 1900 dans le monde à 59 milliards aujourd'hui. Et cela triplera à 140 milliards de tonnes en 2050 avec l'accession des pays en voie de développement à notre modèle économique actuel. Bien entendu, ce rythme d'extraction n'est déjà pas soutenable aujourd'hui. Ce rapport du PNUE insiste sur la nécessité de dissocier la croissance économique de la consommation de ressources naturelles. C'est là que nos amis de la croissance verte se sont engouffrés : mais oui, on va « dématérialiser » l'économie ! Manque de pot, l'extraction des minerais, l'énergie consommée et les infrastructures développées pour une société toute numérisée sont tout sauf virtuelles ! Il y a d'autres nombreuses façons de

« Nous sommes passés de 6 milliards de tonnes prélevés en 1900 dans le monde à 59 milliards aujourd'hui. Et cela triplera à 140 milliards de tonnes en 2050 avec l'accession des pays en voie de développement à notre modèle économique actuel. »

7. Déchets, chiffres clés, édition 2016
8. Programme des Nations Unies pour l'environnement. Rapport Decoupling natural resource use and environmental impacts from economic growth, 12 mai 2011

générer de la richesse et de l'emploi sans piller-transformer-jeter des ressources non renouvelables. En France par exemple, le domaine de la culture contribue 7 fois plus au PIB que le secteur automobile[9]. Minerais, énergie, déchets, ce sont les mêmes logiques de surexploitation à l'œuvre.

Dans le rapport du PNUE, différents scénarios nommés « Convergence 2050 » sont envisagés. Une division par deux ou trois de nos extractions au Nord avec une exploitation au Sud qui deviendrait égale à la nôtre, voire même moindre, la conclusion serait la même : ce n'est pas soutenable, les ressources sont en voie d'épuisement et les conditions de leur exploitation, destructrices.

Consommation intérieure de ressources en France en 2013

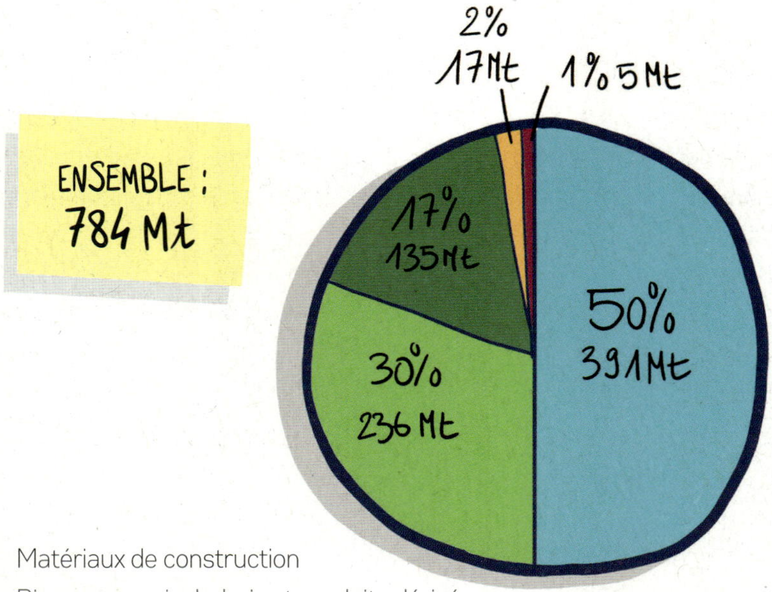

- Matériaux de construction
- Biomasse agricole, bois et produits dérivés
- Combustibles fossiles
- Minéraux métalliques
- Autres produits

Mt : millions de tonnes

Source graphique : ADEME, Déchets, chiffres clés, édition 2016.
https://www.ademe.fr/sites/default/files/assets/documents/dechets-chiffres-cles-edition-2016-8813.pdf

9. https://www.economie.gouv.fr/etude-sur-apport-culture-a-l-economie-francaise

NOTRE EMPREINTE ÉCOLOGIQUE

En attendant, nous vivons donc à crédit écologique à partir du 2 août en 2018 selon le WWF (Fonds mondial pour la nature). **Nous consommons en 7 mois les ressources que nous devrions consommer en un an. La planète n'a pas le temps de se régénérer et de se dépolluer face à nos prélèvements et nos émissions.** Si l'ensemble des êtres humains consommaient comme un Français, il faudrait 5 planètes disponibles. Comme un Américain, 10 planètes. Nous attaquons le capital naturel sous forme de déforestation, d'érosion des sols, d'appauvrissement de la biodiversité ou encore d'accumulation de carbone dans l'atmosphère[10]. En 2000, nous étions à crédit écologique en octobre. La courbe ne s'est pas inversée ni n'a ralenti et la date arrive chaque année un peu plus tôt. Les années 2000, le Grenelle de l'environnement et la notion de développement durable n'ont donc pas suffi à nous freiner et changer la donne. Même si ces années ont permis la prise de conscience et certaines innovations socio-économiques, le libre-échange total et la surconsommation se sont imposés. Extraire, produire, jouir. Sans fin et sans limite, sur une planète à l'équilibre fragile et dont les ressources sont limitées. Avec les 140 milliards de tonnes annuels extraits en 2050 envisagés, le mode de développement du Nord étendu à l'ensemble de la planète tuera la Terre[11]. C'est d'ailleurs ce que nous dit l'évolution de la biodiversité : la Terre a perdu 60 % de ses animaux sauvages en 50 ans.

10. https://www.wwf.fr/overshoot-day-2017
11. https://www.monde-diplomatique.fr/1992/05/CASSEN/44405

LA SIXIÈME EXTINCTION DE MASSE

« La Terre a perdu 60 % de ses animaux sauvages en 50 ans. »

Et rien ne semble freiner l'effondrement. **Explication première : la perte des habitats des animaux, avec l'agriculture intensive, l'extraction minière, l'urbanisation... qui poussent à la déforestation, à l'épuisement ou à l'artificialisation des sols.** La vaste zone Europe, Afrique du Nord et Moyen-Orient a perdu 31 % des espèces animales. La zone Caraïbe-Amérique du Sud affiche même un bilan « effrayant » de – 89 % ! Au Brésil, le peuple vient d'élire un président dont le programme n'évoque ni la déforestation ni le réchauffement. La forêt amazonienne, qui fournit 20 % de notre oxygène sur Terre, rétrécit toujours plus, comme la savane du Cerrado au Brésil, au profit du soja et de l'élevage. D'ailleurs, le président élu du Brésil, Jair Bolsonaro a fusionné les ministères de l'Agriculture et de l'Environnement[12]. Business et politique quand tu nous tiens...

Ajoutons à cela : surpêche, braconnage, pollutions, espèces invasives, maladies, dérèglement climatique... La rapidité du changement climatique en effet ne permet pas aux espèces de s'adapter. Et, au-delà, les écosystèmes dans lesquels ces espèces évoluent, sont menacés[13].

PLUS CHAUD ENCORE QUE NOUS L'AVIONS ENVISAGÉ

Si nous voulions freiner le changement climatique à 2 °C à la fin du siècle, il faudrait laisser dès maintenant 80 % des réserves d'énergie fossile qui se trouvent encore dans le sous-sol. Si nous voulions avoir une chance de rester sous les 2 °C d'augmentation à la fin du siècle, il faudrait dès maintenant réduire les émissions mondiales de gaz à effet de serre de 4 % par an, alors qu'elles augmentent de 2 % environ. Inimaginable au vu de notre système socio-économique basé entièrement sur le pétrole. Autant dire que le modèle actuel de développement de nos sociétés nous emmènera vers un scénario de 4 à 5 °C de réchauffement si nous ne changeons rien.

12. https://www.lemonde.fr/ameriques/article/2018/10/31/bresil-inquietudes-autour-de-la-fusion-entre-les-ministeres-de-l-agriculture-et-de-l-environnement_5377391_3222.html
13. http://www.fondationbiodiversite.fr/fr/societe/avec-la-societe/climat-et-biodiversite/introduction.html

Rappelons l'inertie du CO_2 dans l'atmosphère : les émissions des années 1970 ont, en effet, encore une action aujourd'hui et les émissions d'aujourd'hui prendront effet en 2070. Rappelons aussi qu'à 4 ou 5 °C, le permafrost, ce sol gelé des régions du Grand Nord, contenant des milliards de tonnes de CO_2 et de méthane au pouvoir de réchauffement 25 fois plus puissant que le CO_2, fondra totalement. L'Arctique à lui seul contient le double du CO_2 déjà présent dans notre atmosphère. Et la fonte a démarré. Rappelons, enfin, que plus il fait chaud, plus les océans s'évaporent, et plus la vapeur d'eau va provoquer l'effet de serre. Permafrost et évaporation, nous allons vers un scénario d'emballement. Si nous ne changeons pas rapidement de système, le scénario tendrait plutôt vers 11-12 °C de réchauffement. Là, on ne sait pas si l'homme pourrait juste survivre à la chaleur.

« Permafrost et évaporation, nous allons vers un scénario d'emballement. »

Que signifie un réchauffement de 5 °C pour notre planète et surtout pour l'Humain ?
Certains se disent, sans trop l'avouer, que ce serait super de se balader en tongs et en short toute l'année, non ? Mais voici ce qui nous attend pour 5 °C :

- **DES CHALEURS INVIVABLES :** nous aurions le climat de Madrid à Paris et ses toits en zinc, le climat d'Athènes à Marseille et une garrigue devenue un désert.

- **UNE ALIMENTATION QUI SE RARÉFIE :** chaque degré de température en plus, c'est 10 % de baisse de rendement de l'agriculture mondiale. Sachant qu'aujourd'hui ce sont déjà 900 millions de personnes qui souffrent de malnutrition, imaginons 5 °C de plus et plus de 50 % de perte de rendement pour une population de 12 milliards de personnes.

- **DES MANIFESTATIONS CLIMATIQUES MAJEURES FRÉQUENTES :** ouragans, sécheresses, inondations, typhons, canicules, tempêtes...

- **DE GRANDES MIGRATIONS DE RÉFUGIÉS CLIMATIQUES :** un mètre de montée des eaux au Bangladesh, ce sont 50 millions de personnes déplacées.

- **PROPAGATION RAPIDE DE CERTAINES MALADIES** virales majeures comme la dengue ou le paludisme à l'Europe, libération de virus inconnus contenus dans le permafrost.

- Et surtout, tout cela risque de déboucher sur ce que l'humain sait le mieux faire quand le contexte est chaotique : LA GUERRE. Les risques de conflits vont se multiplier pour l'énergie, l'eau, l'alimentation, les terres disponibles, les minerais, etc. c'est-à-dire les ressources. Celles pour lesquelles nous nous battons depuis cinq siècles comme des prédateurs, mais dans un contexte de pénurie grave et de survie, d'instabilité politique, de tensions ethniques et religieuses qui viendront exacerber les conflits.

EN CONCLUSION, SOYONS CLAIR

Désormais, **la Transition écologique ne signifie plus stopper le changement climatique à 2 °C mais tenter de freiner le réchauffement à moins de 3, 4 ou 5 °C.** Car chaque degré supplémentaire aggrave la situation de façon exponentielle et l'effet d'emballement nous condamnerait. Nous sommes face à une urgence absolue.

« Chaque degré supplémentaire aggrave la situation de façon exponentielle, nous sommes face à une urgence absolue. »

De plus, la Transition écologique sera une adaptation aux événements et conditions de vie nouvelles : changer de système pour s'adapter aux changements majeurs qui arrivent et permettre demain de continuer à vivre sur Terre en paix. Alimentation, logement, transport, travail... l'ensemble de notre vie sur Terre va être intégralement bouleversé et nous devons mettre en place un système résilient pour subvenir aux besoins primaires de tous.

-CHAPITRE 2-

LES CORNICHONS DE LA MONDIALISATION, C'EST NOUS !

OIL IN ALL, OIL FOR ALL

Nous consommons 100 millions de barils de pétrole par jour. Le pétrole est une énergie bon marché à haute valeur ajoutée, facilement exploitable et transformable. **Source d'énergie unique et qui ne connaît actuellement pas d'équivalent sur Terre. Il est présent dans chaque bien, chaque action, chaque pan de la société. Omniprésent et tellement indispensable, 95 % de l'économie en dépend[1] !** Nos activités et nos produits en dépendent : notre agriculture, notre industrie, nos travaux publics, notre vie quotidienne, nos emplois, notre santé, notre éducation[2]... Oil in all. Oil for all. Le pétrole a permis une expansion démographique et technique fulgurante de l'espèce humaine. Un saut dans un confort inimaginable il y a encore tout juste deux générations. Mais à quel prix environnemental, social, économique ? Les conséquences d'une économie du pétrole ne se mesurent pas seulement au confort que nous avons gagné, ni aux progrès de la santé ou de l'agriculture

1. http://ideas4development.org/la-vraie-dependance-de-notre-pib-aux-energies-fossiles/
2. https://jancovici.com/transition-energetique/petrole/a-quoi-nous-sert-ce-fameux-petrole/

intensive. Les prix humain et environnemental sont très lourds pour notre seule petite planète ; et les conséquences du réchauffement climatique risquent de remettre en question à eux seuls ces différents progrès.

« Le pétrole est présent dans chaque bien, chaque pan de la société, 95 % de l'économie en dépend ! »

Nous pensions que le dépassement du peak oil[3] en 2008 sonnerait le glas de cette société de production. La fin du pétrole conventionnel allait mettre un terme à la révolution industrielle deuxième du nom. La limite physique, la pénurie de ressource, serait donc la limite de ce système productiviste décomplexé.

Eh bien non. Le génie humain, sa formidable capacité d'invention et d'innovation, ont été à l'œuvre. **Le pétrole de schiste a fait une entrée fracassante sur la scène. En fracassant la roche justement. Encore une fois, l'innovation technologique a permis de continuer la révolution industrielle et la croissance économique. Encore une fois au mépris des conséquences sociales et environnementales.** La découverte des hydrocarbures non conventionnels a remis en question la notion même de réserve ! Impossible de chiffrer les stocks restants aujourd'hui. Et les gagnants sont... ? En premier lieu les États-Unis de Trump, qui deviennent (enfin) indépendants du Moyen-Orient et sont maintenant les premiers exportateurs de pétrole au monde. En second lieu la Russie, troisième pays producteur de pétrole, qui devient le grand allier de l'OPEP (Organisation des pays producteurs de pétrole) et ainsi la grande puissance mondiale qu'elle était avant la chute du mur[4].

Le pétrole de schiste a donc rebattu les cartes énergétiques et géopolitiques, au grand désespoir des écologistes qui voyaient dans le peak oil une sortie possible du changement climatique. Le XXIe siècle continue de ressembler au XXe. Et nous n'avons pas signé pour quelques années de plus, mais potentiellement des centaines. *« Les couches terrestres contenant de la matière organique enfouies à plus de 2 500 mètres de profondeur représentent des volumes considérables. Quand on va directement à la source (roches-mères), les volumes estimés d'hydrocarbures sont astronomiques et pourraient tout à fait se chiffrer en milliards de milliards de barils[5]. »* Nous voilà donc renvoyés à nous-mêmes. À notre responsabilité, à nos

3. moment où la production mondiale de pétrole plafonne avant de commencer à décliner du fait de l'épuisement des réserves de pétrole exploitables, https://fr.wikipedia.org/wiki/Pic_pétrolier
4. https://www.telerama.fr/television/le-petrole,-un-monde-de-brut-a-decouvrir-sur-arte,n5908305.php

consciences. **Si nous voulons sortir du pétrole, nous allons devoir le faire par choix et non par pénurie de ressource.** Collectivement c'est à cela que devraient répondre les grands accords internationaux sur le climat et la Transition énergétique...

FOCUS

Le pétrole est présent dans 95 % de notre économie et vie quotidienne.

Prendre un bain par jour pendant un an	1 180 litres de pétrole
Chauffer un appartement de 80 m^2 pendant un an au chauffage fioul collectif	1 600 litres de pétrole
Parcourir 15 000 km en voiture (moyenne française annuelle)	1 260 litres de pétrole
La production sous serre d'un kilo de concombre	0,6 litre de pétrole
La production d'un kilo de viande de bœuf	2 litres de pétrole
La production d'un kilo de poulet	0,2 litre de pétrole
La production d'un kilo d'agneau de Nouvelle-Zélande (transport inclus)	7,9 litres de pétrole
La production d'une tonne d'azote pour la fertilisation des cultures	1,5 litre de pétrole
Une paire de chaussures de sport de jogging	6 litres de pétrole
Une ramette de papier (500 feuilles, 80 g/m^2)	2,8 litres de pétrole
Un matelas futon double en coton	120 litres de pétrole
Un lave-vaisselle	93 litres de pétrole

Source : BeCitizen.

5. *https://www.connaissancedesenergies.org/fiche-pedagogique/reserves-de-petrole-dans-le-monde*

Et il y a du pétrole aussi dans :

UNE FINANCE EN FORME DE CHÂTEAU DE CARTES

« 97 % des mouvements d'argent sont spéculatifs, 3 % seulement appartiennent à l'économie réelle ! »

Nous vivons de plus sur une bulle financière spéculative sans précédent. Nous n'avons absolument pas tiré les leçons de la crise de 2008. Dans son rapport sur la stabilité financière, le FMI nous alerte : pour 1 euro de l'économie réelle, 7 euros circulent par les fonds de placement boursiers[6]. Pour les citer : *« Il y a trop d'argent en quête de trop peu d'actifs rentables »*. C'est-à-dire trop d'argent virtuel et pas assez d'argent réel. Et le FMI est en dessous de la réalité, il la minimise sans doute. 97 % des mouvements d'argent sont spéculatifs, 3 % seulement appartiennent à l'économie réelle[7] ! Incroyable ! L'économie réelle – le fruit de notre travail – est devenue marginale dans le système monétaire. Si on s'attache uniquement au volume des transactions financières en Europe et en Amérique du Nord, celui-ci est presque 100 fois plus important que le PIB nominal[8]. L'économie spéculative n'est même pas comptée dans l'indicateur qu'est le PIB. Cet argent n'est qu'une écriture, des lignes informatiques, du vent ! **L'économie financière parasite donc l'économie réelle en faisant peser sur cette dernière un risque énorme.** Elle ne crée pas de valeur mais génère du cash sur des produits financiers et des placements sur les terres, les ressources, l'immobilier, l'alimentation. Elle nous échappe donc

6. http://www.imf.org/en/Publications/GFSR/Issues/2017/09/27/global-financial-stability-report-october-2017
7 François Morin. Le Nouveau Mur de l'argent. Essai sur la finance globalisée. Le Seuil, 2006
8. https://blogs.alternatives-economiques.fr/gadrey/2014/09/13/la-finance-pese-t-elle-100-fois-plus-que-l-economie-reelle-10-fois-plus-bien-moins
9. https://blogs.mediapart.fr/yasuhiko-yamazaki/blog/060716/quelle-est-la-difference-entre-leconomie-reelle-et-leconomie-financiere

complètement[9]. Sauf lors d'un krach bien sûr. Là, par contre, les citoyens doivent porter la responsabilité, pas les banquiers. Les bénéfices sont privés, les déficits publics. Pratique ! Ou comment institutionnaliser l'irresponsabilité. En 2008, lors de la crise des subprimes, l'argent qui sauva les banques de la banqueroute était issu de nos impôts. Rappelez-vous, 370 milliards d'euros issus de l'économie réelle ont été injectés en Europe auprès des banques. En jouant auprès du grand public sur la confusion entre les activités d'investissement dans les activités réelles et les activités de spéculation de ces dernières. **Les milieux financiers sont incapables d'orienter une économie vers une transition douce, ils maintiennent une instabilité mondiale sans précédent et un avenir en forme de krach.** Incapables – ou pas franchement motivés – de séparer ces deux activités financières. Ce système est entretenu par une poignée d'individus, au détriment des populations ici et là-bas. Nous vivons sur un château de cartes monétaire, dont les acteurs financiers établissent les règles. C'est un jeu d'argent. Un jeu dont on nous a retiré les règles, un jeu qui nous échappe, qui hypothèque notre avenir sous forme d'instabilités financière et monétaire majeures.

En décembre 1997, Ignacio Ramonet, alors directeur du *Monde diplomatique*, signe un éditorial intitulé « Désarmer les marchés », véritable réquisitoire contre la finance spéculative. Il y écrit notamment que *« le désarmement du pouvoir financier doit devenir un chantier civique majeur si l'on veut éviter que le monde du siècle à venir ne se transforme en une jungle où les prédateurs feront la loi »*. À la clé, de nombreuses propositions pour que la « financiarisation » cesse d'imposer sa logique à tous les autres champs : politique, économique, social, parmi lesquelles la taxe Tobin qui concernerait toutes les transactions effectuées sur les marchés des changes afin de les stabiliser d'une part, et d'autre part de procurer des ressources à la communauté internationale. Ce fut la naissance d'Attac[10]. Vingt ans après, on en rêve toujours. La Transition écologique devrait permettre la remise en question et la refonte du système monétaire et financier[11].

« Nous vivons sur un château de cartes monétaire, dont les acteurs financiers établissent les règles. C'est un jeu d'argent. »

10. *« Dix ans après le début de la crise financière, l'avenir est entre nos mains », tribune signée par un collectif de représentants d'Attac Europe le 12 septembre 2018 et à lire sur liberation.fr https://www.libération.fr/debats/2018/09/12/dix-ans-apres-le-debut-de-la-crise-financiere-l-avenir-est-entre-nos-mains_1678172*
11. *Gaël Giraud. Illusion financière, édition revue et augmentée. Editions de l'Atelier, 2014*

La création de la monnaie est aujourd'hui basée sur le crédit, c'est-à-dire sur l'endettement individuel et collectif, que seule la création de richesses par la croissance peut rembourser. Nous sommes dans un cercle vicieux, une course en avant à la production et qui conduit à notre autodestruction. Générant un endettement gigantesque du secteur privé et un avenir en forme de krach boursier[12]. Endettement très largement supérieur à celui du secteur public par ailleurs, dont on nous rebat les oreilles pour justifier les privatisations actuelles[13]. Aucun changement vers une économie résiliente et sobre ne pourra être envisagé tant que nous serons dans cette logique monétaire et financière[14]. Il faudrait rendre la création de la monnaie aux États, l'indexer sur l'économie réelle, sinon nous ne pourrons pas freiner le pillage des ressources naturelles et la dégradation inexorable de notre planète tels que nous les vivons actuellement.

Mouvements spéculatifs vs économie réelle

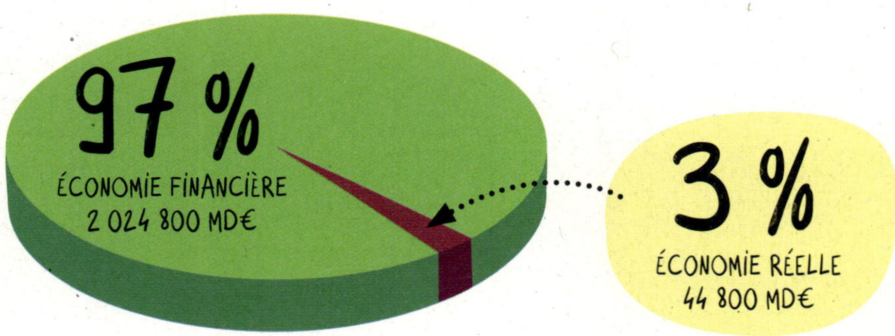

MD€ : milliards d'euros

Source schéma : Francois Morin. Le Nouveau Mur de l'argent. Essai sur la finance globalisée. *Le Seuil, 2006.*

12. Steve Keen. Pouvons-nous éviter une autre crise financière ? Les Liens qui Libèrent, 2017
13. Thomas Porcher. Traité d'économie hérétique : en finir avec le discours dominant. Fayard, 2018
14. Pablo Servigne, Raphaël Stevens. Comment tout peut s'effondrer. Petit manuel de collapsologie à l'usage des générations présentes. Seuil, 2015

LES CORNICHONS DE LA MONDIALISATION, C'EST NOUS !

Aaah l'emploi... L'emploi ou l'étendard brandi par les tenants du système dès que l'on pense à le remettre en question. L'emploi ou la peur du changement. Et pourtant, ce sont 15 000 emplois perdus chaque année dans les pays riches depuis 2000, suite à des délocalisations[15]. Depuis 20 ans, la croissance – et son lot de délocalisations, de concentration du capital, du pouvoir et des profits, et de numérisations – détruit plus d'emplois qu'elle n'en crée[16]. Consommer local ? D'occasion ou en location ? Mais... et l'emploi alors ? On va tous être au chômage ! Attention, nous allons tous finir comme Gérard Jugnot dans son film *Une époque formidable*. Plus de CDI et nous sommes SDF. Nous devons gagner notre vie, c'est une des trois architectures fondamentales de nos vies actuelles[17].

> « 15 000 emplois sont perdus chaque année dans les pays riches depuis l'année 2000, suite aux délocalisations. »

Le chantage à l'emploi fonctionne donc comme une autocensure collective. Nous avons tellement été exposés à cette menace aux infos que nous l'avons intégrée. Comme un frein au changement et à un autre avenir économique. Contentons-nous de maintenir ce qu'il reste, quitte à ce que de nombreux êtres humains restent sur la touche ou que l'on détruise notre planète, plutôt que de chercher une autre voie. Continuons de consommer ici des biens issus d'entreprises installées ailleurs. Chaque bien de consommation provenant de Chine, chaque yaourt de Pologne, chaque vêtement du Bangladesh fait s'envoler notre argent et nos emplois de notre territoire. Car ni le travail, ni la société génératrice de richesses ne sont domiciliés en France. **Les multinationales, implantées à distance, prennent les rênes de la production locale et se jouent des règles fiscales et des règlements. Les profits ne restent pas sur le territoire place.** Par contre il nous reste les déchets à traiter et des emplois de caissier dans la distribution pour des diplômés bac + 3. Ainsi le fruit du travail et de l'économie réelle est accaparé par certains, 1 % de la population détient 48 % des richesses mondiales[18].

15. Insee. *L'Economie française. Comptes et dossiers. Édition 2007*
16. Dominique Bourg. *Une Nouvelle Terre*. Desclée de Brouwer, 2018
17. Cyril Dion. *Petit Manuel de résistance contemporaine*. Actes Sud, 2018
18. Oxfam. *Insatiable richesse : toujours plus pour ceux qui ont déjà tout*, 2015. https://www.oxfam.org/fr/rapports/insatiable-richesse-toujours-plus-pour-ceux-qui-ont-deja-tout

Les gouvernements sont devenus les facilitateurs du commerce international et favorisent la déréglementation. Les grands accords commerciaux internationaux de type TAFTA (traité de libre-échange transatlantique) sont des permis de continuer à détruire l'emploi local, l'environnement, notre santé, les communautés du Sud, au profit d'un tout petit nombre de personnes à la tête des très grandes entreprises. Au détriment de tous. Ici et là-bas.

Pour les Bangladais et les Chinois, il reste la pollution, l'exploitation et l'épuisement de l'écosystème local. **Nous sommes liés, Nord-Sud, même dégradation de la qualité de vie, même aliénation inhérente à la société de consommation, et les conséquences sont aujourd'hui criantes : perte de sens et isolement au Nord, réfugiés climatiques et développement des terrorismes au Sud.** Les deux interagissent. Aujourd'hui le monde est interconnecté, et petit à petit les clés du système se révèlent. Médias, web, réseaux sociaux, hypermobilité ont changé la donne. Nous ne pouvons plus ignorer notre responsabilité dans les coûts cachés de la mondialisation : destruction des écosystèmes, inégalités et dégradation des communautés humaines[19].

19. Thomas Guénolé. La Mondialisation malheureuse. First, 2016

Mais prenons un exemple bien de chez nous, pour illustrer cette logique à l'œuvre : le bon gros cornichon. Celui de nos sandwichs, de nos apéros. Eh bien, il est chinois ! Ou indien. Si, si...

Petit storytelling : il était une fois un maître vinaigrier. Monsieur Antoine Maille. Un entrepreneur, un cuisinier, un passionné. Un héros français ! Car grâce à son vinaigre, il sauva Marseille de la peste au milieu du XVIIIe siècle. Vinaigre, moutarde, cornichons, tout y passe et les créations culinaires de la famille Maille pendant deux siècles font le bonheur des petits et des grands de ce monde. Une belle aventure créatrice de produits, de boutiques, de richesses et d'emploi dans l'Yonne et à Paris. À partir des années 1970, les rachats se succèdent, Ricard, Danone, puis Unilever en 1999. Des sociétés toujours plus grosses, toujours plus riches, dans une logique de concentration du capital et des profits. C'est là que la belle aventure familiale devient une belle arnaque de la mondialisation. Oh, tout ce qu'il y a de plus légal. Mais pas franchement moral. Ni écologique ou sanitaire évidemment, mais ça c'est le cadet des soucis du business mondialisé. Dans les années 2000, l'éééénoooorrrmme société Unilever, quatrième entreprise agroalimentaire au monde après Nestlé, Coca et PepsiCo, et pesant 50 milliards d'euros pour 5 milliards de bénéfice net annuel, délocalise la production de nos cornichons en Inde et en Chine, les vinaigrettes en Tchéquie et le ketchup en Turquie.

Résultat ici en France : la production de cornichons dans l'Yonne passe de 13 tonnes à 1,5 tonne soit une diminution de 89 %. La perte d'emploi, elle, est de 55 % après restructuration, départs volontaires et licenciements habituels. Je ne vous fais pas le dessin, vous le connaissez par cœur, c'est la même info du JT que vous entendez depuis 20 ans. Goodyear, Arcelor... Les impôts et richesses créées sur notre territoire chutent, évidemment. Nos cornichons sont cultivés intensivement et font 15 000 km pour arriver dans nos rayons. Bref, tout sauf bio, équitable ou local... mais nous continuons de les acheter au supermarché, ben oui, on aime bien le cornich' nous, mais maintenant, ils sont asiatiques et de chez Unilever.

Résultat là-bas en Inde, premier pays touché par la malnutrition au monde[20] : la surface agricole dédiée à l'origine à l'alimentation locale et à l'autosubsistance est désormais occupée par une monoculture de cornichons industrielle intensive.

20. 190 700 000, c'est le nombre de personnes qui souffraient de faim chronique en Inde en 2012-2014, pays qui compte le plus grand nombre de personnes sous-alimentées dans le monde. Cela représente au total 15 % de la population indienne, mais aussi 24 % de la population sous-alimentée dans le monde. (http://wikiagri.fr/articles/les-10-chiffres-a-retenir-sur-la-situation-de-la-faim-dans-le-monde/1247)

LES CORNICHONS de la Mondialisation C'est Nous !

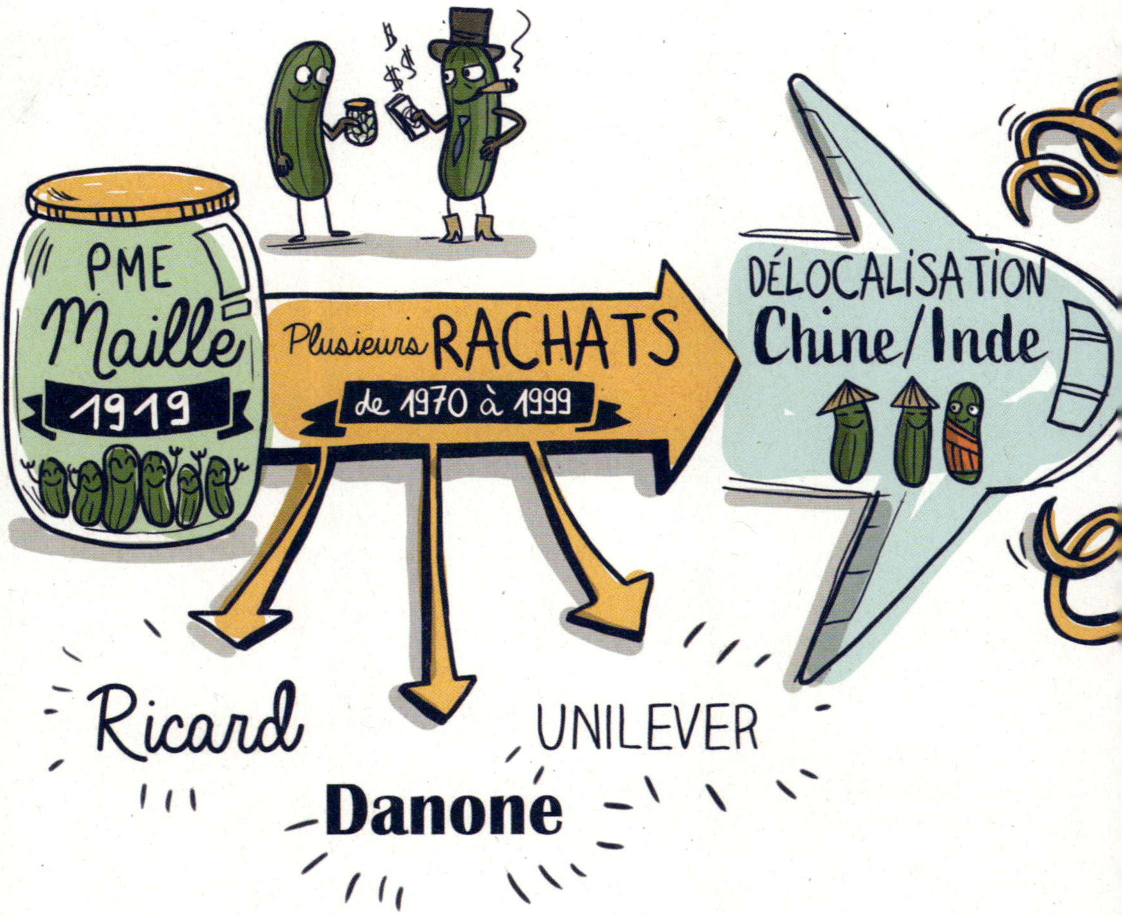

PENDANT CE TEMPS en France

- Production -89 % (restructuration, délocalisation, licenciements)
- Emploi -55 %
- Dépendance alimentaire
- Perte de qualité
- Exposition aux produits phytosanitaires : cancers, malformations...

CONSÉQUENCE : Grosse loose

Achat des cornichons en supermarché

AND THE WINNER IS ?

Unilever

Chine Inde

- Perte d'autonomie agricole et alimentaire
- Perte de capital
- Pollution des sols et des nappes phréatiques
- Conditions de travail sans droits ni protection

CONSÉQUENCE : Grosse loose

Achat des cornichons en supermarché

Les paysans perdent leur autonomie alimentaire et financière, la misère remplace la pauvreté, ils voient leurs sols et nappes phréatiques polluées par les intrants et travaillent dans des conditions qui font l'objet de rapports d'ONG comme Amnesty International. Maaaaais ils connaissent le progrès occidental maintenant : ils sont désormais invités à aller consommer… au supermarché. Des produits… Unilever. And the winner is… ? **Après le win-win, Unilever invente pour nous le lose-lose. Ici et là-bas, les cornichons, c'est bien nous !**

Nous nous sommes fait voler notre alimentation, notre richesse, nos emplois, notre indépendance, notre santé, notre goût, notre savoir-faire, au profit d'une poignée qui dégrade l'état écologique de la planète. Le tout en toute légalité. Ce qui pose la question du droit des affaires instauré par nos hommes politiques depuis quelques décennies au détriment du droit des Humains et de la Nature. Sans parler du secret des affaires… On est loin de la mondialisation annoncée qui permet aux communautés humaines de ces pays de se développer convenablement. Ce vieil argument éculé est un mensonge : nous ne sommes pas en train de rendre service aux communautés humaines du Sud, ni au reste de la planète. *« Mais qui peut croire aujourd'hui que trimer pour engraisser les 200 firmes qui dominent le monde peut sauver les peuples ? »*[21] Cette mondialisation pourrait être autre. Une mondialisation du partage et de l'échange culturel. Alors rêvons d'un autre modèle où les cornichons seraient issus de PME locales, au pouvoir décisionnel et au capital partagés, et d'une agriculture respectueuse des écosystèmes. Une mondialisation heureuse et humaine où la valeur créée serait issue du travail local et la richesse redistribuée équitablement. Où les sociétés humaines des pays en développement seraient autonomes et indépendantes quant à la maîtrise de leurs propres richesses et de leur avenir[22].

« Nous nous sommes fait voler notre alimentation, nos emplois, notre santé… au profit d'une poignée qui dégrade l'état de la planète. En toute légalité. »

21. Paul Ariès. Désobéir et grandir. Ecosociété, 2009.
22. Nicolas Hulot, Vandana Shiva. Le Cercle vertueux. Entretiens avec Lionel Astruc. Actes Sud, 2018

-CHAPITRE 3-

LA CROISSANCE VERTE OU LE DÉVELOPPEMENT DURABLE 2.0

La Magie de la Croissance Verte

SURTOUT NE CHANGEZ RIEN, ON S'OCCUPE DE TOUT !

Les courants politiques, économiques et scientifiques actuels nous proposent en fait de ne rien changer fondamentalement, mais de rendre le système « responsable » en développant les innovations technologiques dites « durables », « vertes ». La croissance économique et l'opulence matérielle restent assurées, mais dissociées de l'impact environnemental. Une économie « dématérialisée » ou la « troisième révolution industrielle » de Jeremy Rifkin avec son grand symbole, magie du Progrès et de la Liberté : l'imprimante 3D. Le business habituel, mais à la sauce RSE[1]. Continuons de consommer, d'extraire, de transformer, continuons de croire en la technologie, à l'économie du libre-échange version TAFTA-CETA et l'endettement général qu'il soit écologique ou financier. En rendant le système « vert » par des technologies adaptées, on va résoudre les problèmes. Le pansement sur la jambe de bois.

> « Depuis quand, une croissance qui, par définition, se base sur la consommation de ressources, d'énergie et d'eau peut-elle être respectueuse de l'environnement et de l'humain ? »

Depuis quand, une croissance qui, par définition, se base sur la consommation de ressources, d'énergie et d'eau peut-elle être respectueuse de l'environnement et de l'Humain ? L'objectif est bien entendu le statu quo du système et le maintien de ses grands bénéficiaires aux rênes du business.

« Surtout, ne changez rien, on s'occupe de tout ! » Et : « Pensez donc, si on y a réfléchi : l'ensemble de nos experts est unanime ! » À chaque fois se développent le même schéma de réponse des élites intéressées et la même désinformation à grande échelle. Pour comprendre le concept, prenons le programme de l'OCDE, la grande institution du ~~business~~ commerce mondial dans son rapport si finement intitulé : *Qu'est-ce que la croissance verte et comment peut-elle assurer un développement durable*[2] ?

1. Responsabilité Sociétale des Entreprises, c'est-à-dire la prise en compte par les entreprises, sur base volontaire, des enjeux environnementaux, sociaux et éthiques dans leurs activités
2. http://www.oecd.org/fr/croissanceverte/quest-cequelacroissanceverteetcommentpeut-elleaideraassurerundeveloppementdurable.htm

« Les politiques de croissance verte font partie intégrante des réformes structurelles nécessaires pour promouvoir une croissance robuste, plus durable et inclusive. Elles peuvent également libérer de nouveaux moteurs de croissance à travers...

- **L'AMÉLIORATION DE LA PRODUCTIVITÉ. »** Mais en faisant gaffe hein : *« avec une plus grande efficience dans l'utilisation des ressources naturelles, la réduction des déchets et de la consommation d'énergie, la libération des possibilités d'innovation et de création de valeur et l'allocation des ressources aux usages présentant la plus forte valeur »*. On est tellement doué qu'on va faire plus avec moins. Le moteur deux litres hybride de ma nouvelle voiture me permet de faire mille kilomètres. Mon nouvel écran plat consomme deux fois moins d'électricité que l'ancien !

- **« LE RENFORCEMENT DE LA CONFIANCE DES INVESTISSEURS** *par une plus grande prévisibilité dans la façon dont les pouvoirs publics abordent les grandes questions environnementales. »* En gros, si c'est l'État qui porte le message, c'est gagné. Et c'est ce qui se passe, l'ensemble du message de la croissance verte est porté par les gouvernements : « Loi de transition énergétique pour la croissance verte », « Territoires à énergie positive pour la croissance verte », etc. Cerise sur le gâteau : ce sont nos impôts qui financent les moyens de la mise en place de la croissance verte à grande échelle : communication, infrastructures, agents.

- **« L'OUVERTURE DE NOUVEAUX MARCHÉS** *par une stimulation de la demande de produits, de services et de technologies écologiques. »* C'est-à-dire de créer de nouveaux marchés intérieurs et d'exporter le modèle de croissance-consommation aux autres pays pour les ouvrir à une économie de marché mondialisée. Pile-poil l'inverse de ce qu'il faudrait faire pour un développement intelligent des pays du Sud, lutter contre le changement climatique et l'épuisement de leurs ressources !

- **« UNE CONTRIBUTION À L'ASSAINISSEMENT DES COMPTES PUBLICS** *par une mobilisation de recettes basée sur une fiscalité verte et l'élimination des aides préjudiciables à l'environnement. »* Donc l'écologie se traduit par des taxes mais sur le même système de production. En gros, le consommateur porte le changement avec son argent et on rend impopulaire l'idée du changement écologique. Par contre pas question de taxer les activités spéculatives, ni mettre fin au grand système de fuite de notre argent dans les pays de législation de complaisance. Le tout servant l'idée d'un assainissement des comptes publics, c'est-à-dire le tryptique austérité-affaiblissement des services publics-privatisation.

• « LA RÉDUCTION DES RISQUES DE CHOCS NÉGATIFS POUR LA CROISSANCE, *imputables à des goulets d'étranglement au niveau des ressources, ainsi que [la réduction] d'impacts environnementaux préjudiciables et potentiellement irréversibles.* » Ben tiens ! Hors de question d'arrêter le business parce qu'on se trouverait à cours de ressources ! Trouvons de nouvelles ressources à exploiter. Allez, il y a suffisamment de lithium sur terre pour se remplir les poches pendant le siècle à venir.

La croissance verte signifie donc bien croissance. Toujours la même logique crédit-création monétaire-consommation-croissance-remboursement de dette. Il faut donc de nouveaux objets et de nouvelles technologies pour assurer la survie du système monétaire. « En réalité on ferait mieux de considérer le PIB comme une mesure de destruction de l'environnement. »[3] La croissance « verte » nous donne un bel exemple d'oxymore : *« une figure de style qui consiste à allier deux mots de sens contradictoire »* selon Le Robert. Tout comme les termes d'énergie « propre ».

« La croissance verte signifie donc bien croissance. Toujours la même logique crédit-création monétaire-consommation-croissance-remboursement de dette. Il faut donc de nouveaux objets et de nouvelles technologies pour assurer la survie du système monétaire. »

C'est un mythe, une illusion, une course en avant au profit qui a pour objectif de créer de nouveaux marchés avec de nouveaux produits, générant ainsi de nouvelles nuisances tout en continuant de creuser le déficit écologique et financier. Déplaçons les problèmes plutôt que de les résoudre et créons les problèmes de demain : smart grid (réseaux électriques dits « intelligents »), voitures électriques, ampoules à LED, thermostats intelligents, drones agricoles connectés, agriculture hors-sol, etc. On nous refait le coup du développement durable des années 2000, c'est la croissance « verte » ou le Développement Durable 2.0. Avec ses deux grandes idées du moment :

1. LE GÉNIE TECHNOLOGIQUE HUMAIN NOUS PERMETTRA DE FAIRE PLUS AVEC MOINS.

2. L'ÉCONOMIE SERA CIRCULAIRE, NOUS ALLONS PRODUIRE EN CYCLE FERMÉ ET LE RECYCLAGE SERA LA BASE DE CETTE RÉVOLUTION.

3. Niko Paech. *Se libérer du superflu*. Rue de l'échiquier, 2012

LA TECHNOLOGIE NOUS SAUVERA... OU PAS

Le grand objectif des nouvelles technologies dites « vertes » est donc de rendre les systèmes plus efficaces énergétiquement et de résoudre le grand problème écologique initial. Une voiture émet du CO_2, facteur de réchauffement climatique ? La solution est une voiture électrique qui n'émet pas de CO_2 au pot d'échappement. Nous consommons trop d'énergie ? Passons à des détecteurs photosensibles qui allument la lumière lorsqu'on passe devant. Nos ampoules consomment trop d'énergie ? Passons aux ampoules à LED. La réponse est technologique : on ne remet pas en cause nos besoins initiaux, on les conforte. L'objectif annoncé est l'efficacité à l'utilisation. Dissocier la croissance économique des dégâts environnementaux, voilà ce que la croissance verte est censée apporter. Comme par magie, elle s'annonce même « dématérialisée », « virtuelle ». Ben voyons. Les effets induits par la croissance verte ne répondent pas à la protection de nos écosystèmes, voire aggravent la situation.

> « L'objectif annoncé est l'efficacité à l'utilisation : dissocier la croissance économique des dégâts environnementaux, voilà ce que la croissance verte est censée apporter. »

Premièrement, on déplace les impacts en amont. Pour être plus efficace à l'utilisation, on va dépenser plus d'énergie au moment de la fabrication, en pariant sur le fait que la baisse à un endroit compensera la hausse à un autre. Ce qui n'est pas le cas évidement à l'échelle du cycle de vie complet, d'une voiture par exemple. Ainsi, une voiture électrique génère beaucoup de CO_2 à sa fabrication, notamment pour l'extraction-transformation des nombreux minerais présents dans la voiture. Ainsi le miracle annoncé de la diminution de gaz à effets de serre liée à l'usage d'une voiture électrique est très relatif. Selon le mix énergétique du pays pris en compte, on ne note qu'une baisse de 10 à 24 % par rapport à la voiture thermique : 10 % en Allemagne et 24 % en France où l'électricité utilisée est issue du nucléaire, énergie dangereuse et non renouvelable[4].

Deuxièmement, ces nouvelles technologies sont consommatrices de ressources non renouvelables, dont les stocks de certaines seront critiques dans une trentaine d'années. Ainsi, la voiture électrique nécessite 400 kg de matériaux non renouvelables pour sa batterie : lithium, cobalt, nickel, graphite... Ainsi le potentiel d'acidification atmosphérique de la voiture électrique est supérieur à celui de la voiture thermique. De même que l'impact sur le cycle de l'eau (potentiel d'eutrophisation) pour la voiture électrique est supérieur à celui de la voiture essence.

Troisièmement, ces nouvelles technologies créent des produits complexes basés notamment sur des alliages. Ils sont donc moins réparables et surtout moins recyclables. Un smartphone est composé de plus de 40 minerais et terres rares en alliage que l'on ne recycle pas actuellement, en raison de l'absence de développement des filières de recyclage (ces minerais restant 5 fois moins chers à l'achat qu'au recyclage), contribuant ainsi à l'épuisement des ressources par un effet de dispersion. Et que dire de l'approvisionnement inéquitable de ces matières auprès de pays où l'on maintient une géopolitique instable pour assurer la mainmise sur la ressource ?

Enfin, ces nouvelles technologies ont un effet rebond sur la consommation. Selon les règles de l'offre et la demande, lorsque le coût d'un service diminue, la demande de ce service augmente. Et avec elle, la quantité d'énergie consommée... on est loin de l'intention de départ. Exemple : si le coût du kilomètre parcouru avec votre voiture diminue, le nombre de kilomètres parcourus augmentera. Chaque euro rendu

4. Etude ADEME, ACV comparative voiture thermique vs voiture électrique in https://www.consoglobe.com/voiture-electrique-ou-thermique-le-bilan-environnemental-complet-cg

disponible sera dépensé ailleurs. Et il existe aussi un effet rebond « psychologique » : J'ai une maison passive donc je peux me permettre d'avoir une piscine. Ou : j'ai un fournisseur d'énergies vertes, donc je peux me permettre de chauffer à loisir. C'est bon, c'est de l'énergie propre !

« Toutes ces technologiques vertes, s'ajoutent en fait à l'existant. Ce sont de nouvelles extractions, transformations, consommations, car toutes ces innovations n'ont rien d'immatériel. Au marché conventionnel vient s'ajouter le nouveau marché vert. »

Toutes ces technologies vertes, censées réduire les impacts environnementaux, s'ajoutent en fait à l'existant. Elles sont additionnelles. Ce sont de nouvelles extractions, transformations, consommations, car toutes ces innovations n'ont rien d'immatériel. Au marché conventionnel vient s'ajouter le nouveau marché vert. Le parc de voitures à explosion existe toujours et, surtout, il continue de se développer : + 4 % en 2017 ! Pas un tunnel publicitaire à la télé sans un spot pour une voiture. Le marché de la construction béton existe toujours mais s'y ajoute désormais le marché de la maison passive. Nous n'avons fermé aucune de nos centrales nucléaires et pourtant l'énergie verte se développe à leurs côtés. **Combien de nouvelles tonnes de matières premières extraites, combien de nouveaux sites de production, d'usines de stockage et d'installation, de matériels électroniques, de centres de traitement, de tonnes de plastique, de batteries usagées.** La liste pourrait être trèèèèès longue... aussi longue que la liste des bénéfices engrangés par les firmes qui produisent et commercialisent tout cela. (Tiens, instant « Burger Quizz » : Qui est le *number one* du solaire en France[5] ?) Et c'est pourtant ce qu'il faudrait faire pour commencer à avoir un début de cohérence : mettre fin à l'existant. Mais se pose alors la question du démantèlement et du traitement des déchets et l'immense impact écologique que cela représente.

Pfff... mais qu'est-ce que tu es impatient ! On peut faire ça en dix ans, hein. Sois patient et fais confiance. L'innovation est l'argument ultime opposé aux objecteurs de détruire en paix. Quand on réalise que les panneaux solaires ont une durée

5. Réponse : Total. « Total qui détient 66 % de l'américain Sunpower, l'un des leaders mondiaux des panneaux solaires, qui développe aussi des installations ; en avril 2018, Total annonce l'achat de 74 % de Direct Énergie, qui avait, en juin 2017, racheté Quadran [acteur majeur de la production d'énergie verte en France]. » https://fr.m.wikipedia.org/wiki/Énergie_solaire_en_France)

d'amortissement de 8 ans ou que le lithium n'est pas recyclé, quelle est la réponse des tenants de l'économie verte ? *« Mais attendez, l'innovation va répondre à cette question ! On va faire des panneaux plus performants ! »*. *« Le lithium c'est has been, on va faire des batteries au graphène maintenant, t'as rien compris. »* En gros, on est déjà en train d'annoncer de nouvelles extractions, de nouvelles consommations d'énergie et de nouveaux déchets impossibles à traiter alors qu'on vient à peine de démarrer la croissance verte ! Et sans se poser la question du devenir de la première génération de panneaux ? de déchets ? C'est la même logique dite de progrès pourtant à l'origine du problème que l'on est censé résoudre. Incroyable... Le plus incroyable, c'est que les personnes avançant ces arguments y croient dur comme fer. Cette foi indéboulonnable en la technologie, bien ancrée chez la génération Trente Glorieuses, génération pétrole-nucléaire-béton-chimie. Impossible d'avoir une discussion à Noël là-dessus avec Oncle Bob. Et si Oncle Bob est ingénieur dans un de ces fleurons fierté de l'industrie française, tu peux juste retourner lire ton *Picsou Magazine* et laisser les grands gérer la France.

« Ces technologies dites vertes déplacent le coût écologique en amont et en aval. »

La voiture électrique est un bon exemple pour comprendre comment cette réponse toute technologique génère d'autres coûts écologiques. Par souci d'efficacité à l'utilisation, ces technologies dites vertes augmentent le coût écologique en amont et en aval. De plus, on amène le consommateur à continuer à consommer autant, voire davantage car il est déculpabilisé.

La croissance verte est une impasse. Écologique et technologique, car elle signifie épuisement des ressources et surconsommation énergétique. Géopolitique, car elle signifie une ultradépendance aux grandes puissances extérieures pour l'énergie et à la nouvelle superpuissance mondiale chinoise pour les terres rares. La croissance verte ne s'inscrit pas franchement dans la démarche de résilience annoncée.

On ne change rien au système de consommation, qui reste toujours basé sur la publicité, le crédit et l'obsolescence. Incitatif et créateur de nouveaux besoins. Générateur de toujours plus d'impacts écologiques.

Ne faut-il pas plutôt travailler sur la question du besoin ? Ai-je besoin d'une voiture d'1,5 tonne pour aller au travail ou est-ce qu'une voiture de 600 kg me permettrait aussi bien de me déplacer ? Ai-je besoin de 10 ampoules à LED au plafond ou est-ce qu'une ampoule classique à filament me suffirait ? Pourrait-on allonger la durée de vie du filament qui, si on le décide, peut être en réalité de plusieurs dizaines d'années ? Ai-je besoin d'un smartphone avec GPS, appareil photo et Internet ou est-ce qu'émettre et recevoir des appels me suffit ? Plutôt que d'acheter une voiture neuve hybride qui consomme 3 l aux 100 km, ne pourrais-je pas plutôt prolonger au maximum la durée de vie de ma voiture actuelle ? Ne pourrait-on pas remplacer la prime à la casse par une prime à la longévité et la gratuité des transports collectifs ? **Les technologies vertes perpétuent l'idée de croissance-consommation basée sur de nouveaux besoins. La réponse se trouve en fait bien dans la redéfinition de nos besoins, la sobriété technologique et le partage.** *« Il n'existe pas de technologies ni d'objets durables en soi, seuls les modes de vie peuvent l'être. »*[6]

6. Niko Paech. Se libérer du superflu. Rue de l'échiquier, 2012

LE MYTHE DE L'ÉCONOMIE CIRCULAIRE ET DU TOUT RECYCLABLE

« L'économie circulaire, c'est produire et consommer comme avant sans rien changer ! Mais en cercle fermé : nos déchets deviennent des ressources. »

Difficile d'échapper à la théorie de l'économie circulaire en ce moment. JT, presse écrite, Facebook, You Tube, tous les médias s'en donnent à cœur joie. S'il est bien un des messages les plus scandaleux et inacceptables, c'est celui-là. Inacceptable car relayé par les pouvoirs publics et financé par nos deniers. Le tout-recyclage serait LA solution écologique. **Nous allons copier l'écosystème et réutiliser tout ce que l'on a produit : smartphones, vêtements, voitures, perceuses... Rien ne nous échappera, nous allons fonctionner en cercle fermé.** Comme la Nature qui est si intelligente, nous allons continuer de produire et consommer sans produire de déchets.

D'ailleurs quand on parle d'écologie avec Oncle Bob à Noël, la première réaction de toute la tablée est unanime : « ahhh, mais moi, je fais le tri ! ». C'est dire si la désinformation à l'œuvre fonctionne à plein tube. Bon OK tonton, mais tu sais, la filière de recyclage, c'est beaucoup d'énergie, de pertes de matériaux et des cycles de recyclage pas franchement infinis pour la plupart des produits et matériaux... donc c'est pas franchement écologique en fait. « Ah bon ? Mais pourtant ils disent que tous les emballages se trient et sont valorisés ! ». Bon tonton, faisons un petit point sémantique sur le coin de la table... les éléments de langage, comme on dirait dans un cabinet ministériel. Valorisé ne veut pas dire recyclé, tu sais. Les déchets brûlés en incinérateurs sont dits « valorisés » car ils produisent de l'électricité. Mais ça n'a rien d'une énergie renouvelable, les déchets... Le mieux serait de faire du zéro déchet et de se passer des incinérateurs. Alors oui, tous les emballages se trient et se collectent, mais « trié » ne signifie pas « recyclé ». « Rhooo... mais alors on se fait avoir ? Bon bon, mais alors, tous les emballages en plastique sont recyclés, hein ? Moi je mets mes pots de yaourt et mes barquettes au tri hein, ça tu peux pas dire que c'est pas bien ?! C'est circulaire, ils l'ont dit, le déchet devient une nouvelle ressource ! Le gouvernement l'a annoncé : 100 % des plastiques seront recyclés en 2025. » Tonton, il était technicien et il a bossé en usine de production de pièces mécaniques, donc la physique ça le connaît, c'est ma chance. Eh bien voilà tonton, t'es assis ? Le tout-recyclage du plastique, c'est une illusion[7]. Seulement 14 % des plastiques usagés sont collectés pour être recyclés à ce jour. Tu vois, la première perte en ligne, c'est l'être humain, il trie peu et mal. Sur ces 14 %, 4 % sont perdus au cours du processus de recyclage. Eh oui le plastique, un polymère, perd en qualité au passage. Et surtout, le plastique ainsi recyclé ne le sera qu'une fois. La polaire faite à partir de bouteilles en plastique finira… brûlée ! **On est très loin de l'économie circulaire, on parle alors plutôt de décyclage ou downcycling[8].** Et surtout pour des raisons de fragilité, il faut réinjecter du plastique vierge. Une bouteille en plastique recyclé, c'est 15 à 20 % de plastique recyclé et le reste, du plastique de première fabrication donc du pétrole… On peut aussi discuter de la quantité d'énergie consommée tout au long de la chaîne de fabrication de la bouteille en plastique recyclé ou des 200 kg de déchets qui arrivent chaque seconde dans nos océans, hein ? Dis tonton, tu veux pas boire l'eau du robinet dans ta gourde en inox ? Cette matière se recycle de manière circulaire elle, et surtout, elle a une durée de vie trèèèèès longue.

Le recyclage, comme la croissance verte, c'est donc continuer à produire du plastique et maintenir le statu quo du système. L'agroalimentaire en est le meilleur exemple : les emballages sont la clé de ses productions délocalisées. Tiens donc, le conseil d'administration d'Eco-Emballages[9] (devenu Citéo pour noyer un peu plus le poisson et accentuer la désinformation) est composé des firmes agroalimentaires comme Nestlé, Coca Cola ou Danone et de la grande distribution française.

Cette utilisation détournée de l'économie circulaire est aussi valable pour le recyclage d'autres matières, pas seulement le plastique. Sur le même principe, on pourrait recycler à l'infini les métaux mais la complexité des produits et des matières de conception empêche aujourd'hui de séparer et récupérer facilement toutes les matières premières. Ce sont les mêmes limites sociétales, techniques et physiques que pour le plastique : tri et collecte insuffisants, séparation et recyclage impossibles, dégradation des matériaux au cours du processus, etc.

« Une bouteille en plastique recyclé, c'est 15 à 20 % de plastique recyclé et le reste du plastique de première fabrication donc du pétrole… »

7. https://theconversation.com/dechets-plastiques-la-dangereuse-illusion-du-tout-recyclage-90359
8. décyclage : se dit d'un procédé de recyclage qui entraîne une diminution de la valeur intrinsèque d'une matière à travers un cycle qui ne permet plus de refaire le même type de produits ou qui vise la fabrication de produits qui eux ne seront plus recyclables.
9. http://www.ecoemballages.fr

Concernant le nickel par exemple, pourtant très facilement repérable (il est un composant de l'acier inoxydable), on estime à 80 % le taux de perte au bout de trois cycles utilisation-recyclage ! **Oui, le recyclage sera un des éléments de la Transition et une des réponses à mettre en œuvre. Mais en dernier lieu. Ce ne peut être en aucun cas la première réponse miraculeuse annoncée à nos soucis écologiques actuels.** Toutes ces mesures, et la communication qui va avec, nous invitent à recycler plus, alors qu'il faudrait recycler moins. Rappelez-vous les 4R[10] : d'abord Réduire, Réduire, Réduire... puis Réparer et Réutiliser, et enfin en dernier lieu, Recycler.

10. Voir notre livre *Famille Zéro Déchet*, paru en 2016

Mais à quel moment l'économie circulaire interroge-t-elle la mondialisation ? À quel moment la *Feuille de route de l'économie circulaire*[11] de l'État français questionne-t-elle le système financier et la logique de croissance ? À aucun. Elle nous assure avec aplomb que 100 % des plastiques seront recyclés en 2025. On en rirait si la situation n'était pas si dramatiquement urgente. Nous allons courir après la responsabilité des producteurs, les matières premières et le fantasme de la boucle vertueuse.

Comme nous y invite la mesure 4 de la Feuille de route de l'État : « *Permettre aux filières REP*[12] *de sécuriser les investissements des filières industrielles du recyclage et des producteurs de produits recyclés pour boucler la boucle de l'économie circulaire* ». On refait le coup du principe « pollueur payeur » et du développement durable qui brillent par leur inefficacité depuis 20 ans. Avec le même argument qu'à l'époque : « c'est déjà un bon commencement, c'est une étape avant la suite, on ne peut pas tout changer d'un coup ». On change les mots mais ce sont les mêmes mesures, les mêmes piétinements, la même perte de temps, les mêmes dérives que dans les années 2000.

Prenons la DeLorean du Doc et projetons-nous avec Marty dans notre futur 100 % circulaire (sic) en imaginant le résultat des mesures de cette belle feuille de route toute nouvelle toute verte :

- **Affichage environnemental volontaire** sur les produits Unilever fabriqués en Chine et vendus en hypermarché Auchan coté en bourse (mesure 7)
- **Barquettes** de viande industrielle Charal **en plastique recyclé** avec dons généreux aux associations quand la date sera dépassée (mesure 1)
- **Financement** des investissements de Saint-Gobain **dans le recyclage** du verre avec des fonds « verts » (mesure 2)
- **Augmentation du nombre de canettes** de Coca et de bouteilles plastique d'eau Nestle **collectées** dans les cafés et restaurants (mesure 18)
- **Valorisation des déchets** des chantiers Bouygues de construction d'immeubles en béton et laine de verre (mesure 34)

Et pendant ce temps, on fait passer la loi sur le secret des affaires, on ne change pas la Politique Agricole Commune, on continue la dérégulation du commerce avec

11. https://www.ecologique-solidaire.gouv.fr/feuille-route-economie-circulaire-frec
12. Filière à responsabilité élargie des producteurs, où chaque producteur doit contribuer à l'élimination des déchets issus des produits qu'il a fabriqués

le TAFTA et on passe à 400 points de vérification le contrôle technique des véhicules pour relancer la vente de voitures neuves. Le système ne change pas, il se peint en vert et feint de limiter la casse. Il espère toujours la croissance à 3 %, mais ce coup-ci « verte ». Le sablier écologique s'écoule inexorablement et les grands gagnants de cette nouvelle fable sont encore les mêmes. Développement durable 2.0, on prend les même et on recommence.

> « Le système ne change pas, il se peint en vert et feint de limiter la casse. Il espère toujours la croissance à 3 %, mais ce coup-ci verte. »

« LE GOUVERNEMENT TIENT DES BEAUX DISCOURS, MAIS LA FIN SUPRÊME DE NOTRE GOUVERNEMENT ACTUEL, C'EST LE DÉVELOPPEMENT DU COMMERCE INTERNATIONAL, PAS LA DÉFENSE ET LA PRÉSERVATION DE NOTRE ENVIRONNEMENT. »

Dominique Bourg, philosophe et professeur à la Faculté des géosciences et de l'environnement de l'université de Lausanne[13].

13. https://www.franceculture.fr/emissions/la-grande-table-2eme-partie/quelle-terre-pour-demain-dominique-bourg-creuse-son-sillon

Encore une fois, il faut réinterroger nos systèmes de production et nos besoins. Évoluer vers des utilisations de produits à longue durée de vie, beaucoup moins complexes, réutilisables et réparables : les « low tech »[14]. Réduire à la source nos consommations en répondant à nos besoins, non pas en en créant de nouveaux. Et sûrement pas en déresponsabilisant les consommateurs, en leur faisant croire que le recyclage est la solution vertueuse et miraculeuse. Continuons de surconsommer et choisissons la bonne poubelle, on s'occupe de tout ! Il faut sortir du tout plastique et surtout du tout jetable. Nous utilisons une matière au temps de dégradation long, le plastique, pour des usages de quelques minutes, voire quelques secondes. Favorisons les utilisations ciblées indispensables du plastique, la santé par exemple. Et passons au durable-réutilisable-réparable avec des vrais matériaux circulaires pour le reste. « Oui mon neveu, mais tout ce plastique qui existe déjà, il faut bien le recycler ? » Tonton, en créant la filière, on ne crée pas la sortie du plastique,

14. *Philippe Bihouix. L'Âge des low tech. Le Seuil, 2014*

« Nous ferons la transition écologique en sortant du tout plastique, en changeant notre système de consommation et en adoptant des circuits courts. »

ni des systèmes industriels comme l'agroalimentaire : on la crée pour durer.

Passer aux circuits courts et à l'eau du robinet, c'est sortir des barquettes en plastique de viande industrielle et des bouteilles d'eau minérale qui sont catastrophiques pour l'environnement. Selon Valorplast[15] (l'association créée par les producteurs de plastique pour faire la promotion du recyclage avec les copaings d'Eco-Emballages), recycler une tonne de bouteilles en PET permet d'économiser 830 litres de pétrole. Ah oui ? Et ne pas consommer d'eau en bouteilles, ça permettrait d'éviter combien de barils ? Et une alimentation locale en circuit court et sans emballages chez le producteur du coin ? Et manger de la compote maison plutôt que des pom'prouts ? Quelle blague de venir souligner les bienfaits du recyclage en termes écologiques pour des emballages de produits industriels dont on n'a pas besoin ! Bref, des éléments de langage et une désinformation orchestrée par les gagnants du business. Et si on chiffrait le coût indirect sur notre santé de la consommation de ces produits et des divers perturbateurs endocriniens issus du plastique que nous avalons chaque année[16] ? Et si on chiffrait le coût pour les écosystèmes des 200 kg de déchets plastique disséminés dans nos océans chaque seconde dans le monde ?

Nous ferons la Transition écologique en sortant du tout plastique, en changeant notre système de consommation et en adoptant des circuits courts et sobres. Pas en restant sur des modèles économiques longs, la fabrication de produits inutiles à nos besoins et des filières de recyclage qui ne sont pas LA réponse.

15. http://www.valorplast.com/comment-recycler-le-plastique/comment-fonctionne-le-recyclage-plastique/en-france
16: https://orbmedia.org/stories/plus-plastic/multimedia

-CHAPITRE 4-

LA RÉVOLUTION COMMENCE PAR SOI-MÊME

LOST IN TRANSITION

On entend le plus souvent parler de l'écologie comme d'un sujet « annexe » de la société. En dehors des « vrais » sujets que sont l'emploi, l'économie ou la politique. L'écologie est un hobby, un centre d'intérêt comme un autre. « T'aimes l'écologie ? Moi je fais de la musique » ou « Moi, l'écologie, j'y crois pas trop… ». Quand je dis « écologie », on me répond « je fais le tri ! ». Quand je dis « Transition », la majorité répond « Transition énergétique ». Des panneaux solaires sur son toit, une voiture électrique et le tour est joué. La question est même, encore aujourd'hui, de savoir s'il faut faire la Transition écologique ou pas ! Mais nous sommes déjà en Transition. De par le message d'urgence que nous envoie l'écosystème chaque jour. Nous sommes déjà en Transition ! De par l'effondrement politique, social et économique que nous connaissons déjà. La société est déjà en mutation et en questionnement sur son avenir. Bon on peut se l'avouer, on est un poil perdu. *Lost in Transition.*

> « Nous sommes déjà en Transition. De par le message d'urgence que nous envoie l'écosystème, de part l'effondrement politique, et social… »

Alors c'est quoi cette Transition écologique ? Le lobbyiste vous dirait que c'est un retour en arrière. Vous savez, comme Oncle Bob qui, à chaque Noël, nous fait le coup du retour à la bougie. Je n'ai personnellement aucune nostalgie de la vie de mon grand-père dans sa ferme en autosubsistance qui se levait à 6 h du mat', dans une chambre non chauffée à 9 °C, puis s'enfilait un verre de rouge avant d'aller nourrir les vaches. Certains opposent donc à toute remise en question du système, le retour au passé, une régression, une nostalgie verte. Le retour à la bougie voulu par quelques terroristes verts ou des bobos. Autrement dit, une posture intellectuelle bien malhonnête pour refuser toute remise en question ou continuer de nous asséner de la croissance, mais verte ce coup-ci. Dire que la construction en béton ou l'agriculture industrielle sont inadaptées n'est pas un retour en arrière. Dire que la spéculation boursière ou les pesticides sont à interdire, c'est une urgence vitale, pas un retour en arrière. Arrêter la surutilisation du plastique et sa dissémination dans l'environnement car c'est un fléau, c'est une urgence aujourd'hui, pas un retour en arrière. Oui notre système est à bout de souffle, la planète et nous aussi. Burn out social. La Transition écologique, c'est réinterroger le Progrès. Le Progrès s'est égaré dans les limbes de la surconsommation addictive et du profit d'une poignée. Celui des lingettes jetables et du plastique plein nos océans. Des 100 000 molécules chimiques disséminées dans notre écosystème. Celui de la course à l'argent 8 h par jour et des crédits à la conso. Alors quel Progrès pour demain et nos enfants ?

« La Transition écologique, c'est réinterroger le Progrès. »

LA TRANSITION C'EST CHANGER DE MODÈLE

Face au changement, l'Humain se comporte actuellement comme les 7 nains de Blanche-Neige. Timide brandit la croissance verte. Simplet attend que l'on découvre de nouveaux gisements de sables bitumeux au Canada. Atchoum chope la crève avec sa clim'. Dormeur claque sa thune pendant le *Black Friday*. Joyeux enchaîne les teufs et les drogues, après lui le déluge. Prof nous fait le coup du recyclage du plastique. Et Grincheux râle en s'accrochant à son mode de vie et à sa télé. **Réinterroger nos besoins et donc notre mode de vie, c'est bien ce qui est en jeu[1].** Le PIB et les économistes le mesurent à la quantité d'argent généré et à la quantité de biens possédés. Écrans plats, 4x4, burgers et capsules aluminium de café... C'est ça le top du Progrès, le sommet de la pyramide de Maslow des besoins humains ? Enfin... pour les quelques pourcentages de privilégiés dont nous faisons partie, pas pour les 3 milliards d'êtres humains qui vivent avec 2 dollars par jour. C'est-à-dire la moitié de l'humanité.

> « Si nous parlions plutôt de qualité de vie que de niveau de vie ? Être plutôt qu'Avoir. »

Si nous parlions plutôt de qualité de vie que de niveau de vie ? Être plutôt qu'Avoir. Réinterroger nos modes de vies nous amènera certainement à renoncer. Mais pour un autre mode de vie plus lent, sobre et adapté. Il va donc falloir arbitrer. Pour que la transition soit douce et acceptée par tous. Une Transition apaisée et en pleine conscience collective. Actuellement nous vivons une Transition subie, dure et dans le conflit. Non, l'austérité n'est pas la solution, juste une stratégie des États pour privatiser nos services publics. **La Transition c'est changer de modèle. Un changement structurel de fond du système, de notre économie et de nos sociétés.** Cela signifie : reprendre le contrôle de notre argent dans des banques locales et coopératives, de notre alimentation par une production locale, de notre énergie là aussi en mode coopératif et partagé, de nos décisions politiques, de notre développement local... La Transition écologique est intégrale. Transition économique, Transition sociale, Transition politique, Transition éducative. Bonne nouvelle, nous pouvons gagner en qualité de vie !

1. https://www.monde-diplomatique.fr/2017/02/KEUCHEYAN/57134?utm_source=actus_lilo

Celle du partage, du temps retrouvé, du lien social et du local. Celle de notre santé protégée, du respect de notre écosystème et de sociétés apaisées. En bref du Progrès au service de tous et non au profit de quelques-uns. Ce serait ça le Progrès au XXIe siècle. Une Transition collective, apaisée, locale et partagée est possible. Nous pouvons la faire dès maintenant, ou attendre d'être au pied du mur quand l'Arctique aura fini de fondre ou que l'ensemble des gouvernements nationaux seront d'extrême-droite. « Subir ou choisir ? » telle est la question.

« Subir ou choisir ? Telle est la question. »

C'est pas moi, ce sont les industriels, les hommes politiques, Trump, le voisin, les Chinois. Chacun tente, le plus souvent, de trouver un responsable. Comme dans la cour d'école : c'est pas moi, c'est lui. Chacun dans son pré carré dénonce l'autre selon ses propres intérêts et son niveau de connaissance... ou d'honnêteté.

Prenons le cas de l'obsolescence, pour illustrer. On entend le plus souvent que l'obsolescence est le seul fait des industriels. Faux, pour le smartphone, 88 % des téléphones remplacés fonctionnent encore ! L'obsolescence est d'abord de notre fait. C'est sûr que les industriels ne nous aident pas et nous sommes évidemment tous responsables. Mais l'individu est la clé. Comme dirait notre ami Coluche : *« Quand on pense qu'il suffirait que les gens n'achètent pas pour que ça ne se vende pas ! »*

Exemple de la chaîne de responsabilité : l'obsolescence

La Transition écologique devrait donc amener chacun à prendre ses responsabilités et agir en fonction. Est-ce possible ? Nous l'avons dit, cela implique des choix donc de se limiter.

• PEUT-ON ATTENDRE DES ACTIONNAIRES QU'ILS RENONCENT À DES MILLIARDS DE PROFITS ?

Peut-on attendre des Humains qu'ils renoncent à leur enrichissement personnel ? Non, bien évidemment. En 2013, *« Les 500 plus fortunés de France se sont enrichis de 25 % en un an. La richesse cumulée des 500 premières fortunes de France s'établit désormais à 330 milliards d'euros. Elle a quadruplé en une décennie et représente 16 % du produit intérieur brut du pays. Elle compte aussi pour 10 % du patrimoine financier des Français, "soit un dixième de la richesse entre les mains d'un cent-millième de la population", affirme l'hebdomadaire Challenges »*[2]. Devant le marasme écologique général et la remise en question même de notre survie sur Terre, les actionnaires ne changent pas. Au contraire, ils passent leur temps à renforcer leur position : secret des affaires, TAFTA, fusion-concentration-licenciements. Ils n'en n'ont jamais assez.

> « Devant le marasme écologique général et la remise en question même de notre survie sur Terre, les actionnaires ne changent pas. Au contraire... »

• PEUT-ON ATTENDRE DES ENTREPRISES QU'ELLES MUTENT EN INTERNE ?

Qu'elles changent de logiciel, d'investissement, de secteur et de type de production ? Peut-on imaginer qu'une entreprise décide elle-même de s'autocensurer, voire de fermer pour cesser de dégrader l'écosystème ? Et réinvestir dans un autre secteur de Transition ? Est-ce une question de taille ? Il est dans l'ADN même des entreprises de grandir et se concentrer. C'est l'essence même du capitalisme : une entreprise qui stagne est une entreprise qui meurt. Pour des raisons morales, il est difficile pour une PME de fermer et mettre les travailleurs au chômage.

2. https://www.lemonde.fr/economie/article/2013/07/10/les-500-plus-riches-de-france-se-sont-enrichis-de-25-en-un-an_3445809_3234.html

C'est bien différent pour une grande entreprise, nous l'avons vu avec les licenciements et les plans sociaux depuis 50 ans. Mais les PME ? Nous devrions les accompagner. La Transition économique devrait être un gigantesque plan Marshall de l'économie, piloté par l'État, pour accompagner la mutation du tissu des PME. L'ensemble des pays occidentaux l'a déjà réalisé pendant et après les grands conflits mondiaux. Nombre de pays asiatiques l'ont déjà fait lors de leur grande révolution. C'est donc tout à fait imaginable. La question est : devons-nous attendre d'être au pied du mur pour le réaliser ?

• PEUT-ON ATTENDRE DES HOMMES POLITIQUES QU'ILS FASSENT LE CHANGEMENT ?

> « L'effondrement politique est en cours depuis 15 ans et la Ve République tire la langue. À quand le pouvoir aux territoires ? »

Il existe autant de typologies politiques que d'hommes et de femmes. Dans toute leur complexité et leurs intimes motivations. Certains vont à vélo à l'Assemblée et luttent contre les perturbateurs endocriniens, d'autres font du « copier-coller » des textes des lobbies du plastique pour normer toujours plus l'alimentation : hygiène, emballages, etc. Certains luttent à la Commission européenne pour réguler la finance, d'autres poussent la Grèce à vendre ses plages pour rembourser sa dette. Ces derniers doivent être plus nombreux car le rapport de force est clairement à leur avantage. La démocratie représentative est dans une impasse, nos hommes politiques incontrôlés et incontrôlables. L'effondrement politique est en cours depuis 15 ans et la Ve République tire la langue. À quand le pouvoir aux territoires ?

• PEUT-ON ATTENDRE DES HUMAINS QU'ILS SE LIMITENT ?

La surconsommation basée sur un modèle d'exploitation infinie de nos ressources n'est pas soutenable aujourd'hui avec 7 milliards d'individus. Alors qu'en sera-t-il avec 9 milliards en 2050 et 12 milliards, voire plus, en 2100 ? Il va falloir réduire notre consommation, question de survie ni plus ni moins. Cesser de penser que le progrès technologique nous sauvera. Réduire nos prélèvements de matières premières, nos émissions de CO_2, nos pollutions du cycle de l'eau. Nous sommes la clé de tout ce système. Notre salut est dans le changement individuel et dans la sortie du consumérisme, nos représentants politiques suivront.

• ENFIN, PEUT-ON ATTENDRE DES HUMAINS QU'ILS S'ORGANISENT ?

Pour que la Transition ait lieu, nous devrions agir individuellement et collectivement. À trois niveaux : politique, collectif local et individuel[3].

Politique :

Qui porte une proposition politique nationale de Transition en ce moment ? Quel mouvement politique majeur est réellement porteur de ce projet ? Pas les partis nationaux habituels perdus dans le classique logiciel de croissance économique illimitée et dans la mise en place de mesurettes d'ajustement inefficaces. Manque de volonté, mensonges électoraux, déconnexion de la réalité, corruption et alliances avec les grandes entreprises, logiques court-termistes et financières. Notre représentation nationale tient plus de l'Ancien Régime que du XXIe siècle. Toujours le même modèle d'élites qui se reproduisent de génération en génération. Toujours le même modèle d'une politique professionnelle et carriériste, engluée dans ses affaires bananières et fiscales. À quand un système de représentation démocratique issue de la société civile ? En attendant, les quinquennats se suivent et se ressemblent... et la croissance verte est devenue la nouvelle marotte du business d'État.

> **« Notre représentation nationale tient plus de l'Ancien Régime que du XXIe siècle. »**

3. *Paul Ariès. Désobéir et grandir. Écosociété, 2009*

Collectif local :

Il existe à côté de cela une somme d'initiatives collectives locales, d'innovations sociales. L'économie sociale et solidaire crée des modèles nouveaux. Des coopératives se basent sur un partage de la richesse, des voix et des moyens prouvent chaque jour qu'un autre modèle est possible. Des territoires s'engagent dans la Transition, le zéro déchet zéro gaspi, les circuits courts et l'autosuffisance alimentaire. **La politique locale s'engage sur les territoires, des communautés de communes, des mairies font le travail à leur niveau pour définir une organisation locale collective plus sobre et vertueuse. Le local est l'échelle adaptée pour la Transition.** À ce niveau-là, les agglos et communautés de communes ont la main sur un grand ensemble d'enjeux clés et de flux : énergie, eau, transport, déchets, alimentation. Se joue là l'avenir de la démocratie locale, de la décision collective qui peut être rendue possible par un volume réduit de citoyens à décider ensemble[4].

« Des coopératives se basent sur un partage de la richesse, des voix et des moyens prouvent chaque jour qu'un autre modèle est possible. »

Individuel :

Enfin, l'action individuelle est bien la clé déterminante. Par mes choix de vie, de consommation, d'implication citoyenne, je suis le facteur clé du changement. En arrêtant de consommer, en refusant d'acheter en grande distribution, en plaçant mon argent sur des fonds solidaires, en choisissant des filières locales et vertueuses, en participant à la vie municipale. Ma vie quotidienne, mes achats, mon travail sont des choix de société.

4. Rob Hopkins. Manuel de transition, de la dépendance au pétrole à la résilience locale. Ecosociété, 2010

En changeant l'individu et les mentalités, on amorce un changement collectif. L'éducation, la sensibilisation et l'information sont donc indispensables. Les médias, web, réseaux sociaux sont des accélérateurs, des diffuseurs de savoirs et savoir-faire uniques, on peut s'en réjouir. La mondialisation heureuse serait notre chance pour accélérer la Transition et développer les initiatives émergentes afin qu'elles soient les modèles de demain[5]. La sobriété volontaire comme mode de vie qui ne nuit pas (trop) aux écosystèmes et à autrui. **La révolution commence par soi-même ! Soyez l'exemple autour de vous. Soyez le changement.** Ce livre souhaite donner des clés pour le mettre en œuvre à son niveau.

5. https://www.monde-diplomatique.fr/1992/05/CASSEN/44405

LA DÉMARCHE NÉGAWASTE

Face à ces nécessités de changement, nous avons proposé, avec la démarche Zéro Déchet, de changer nos modes de vie en nous attaquant au symptôme de notre maladie de surconsommation : le déchet. Ce dernier est la manifestation directe et visible de nos actes d'achat et de consommation. **En s'attaquant à cette partie visible, le déchet, on s'attaque en fait, par ricochet, à la partie cachée, la partie immergée de notre iceberg de vie. On détricote le système pour le réorienter individuellement vers une demande locale vertueuse.** L'excellente association NégaWatt[6], un collectif d'ingénieurs, propose depuis maintenant 20 ans, un schéma de Transition lié à l'énergie. Ce schéma de changement est basé sur trois temps : 1. Réduire, 2. Améliorer, 3. Écoconcevoir. Et si on appliquait ce schéma de changement à nos vies ? Et si on l'appliquait à la Transition sur tous nos postes de consommation ? Et si ce schéma Réduction-Efficience-Écoconception était simplement un canevas universel de changement écologique ? À notre sauce Zéro Déchet, ça donnerait NégaWaste. C'est ce que nous vous proposons : tenter d'appliquer le schéma NégaWaste à nos modes de vie.

Notre schéma NégaWaste

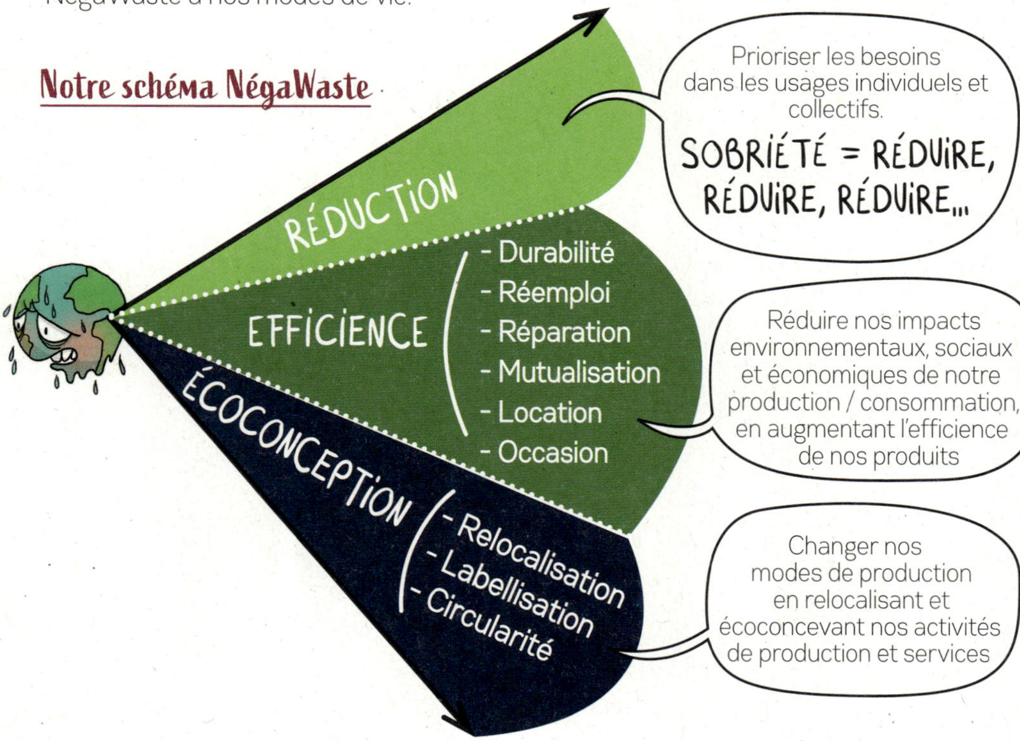

6. Association NégaWatt. *Manifeste NégaWatt. En route pour la transition énergétique !* Actes Sud, 2015.

réduire, réduire, réduire... ! sobriété VS ébriété

« Aucun système n'est vert. Soyons honnêtes et réduisons notre conso perso. »

Croissance verte, économie circulaire totale, progrès technologiques miraculeux, les promesses d'un avenir basé sur le statu quo de notre consommation est, nous l'avons compris, une illusion. Notre salut et celui de notre belle planète passeront avant tout par la réduction de nos consommations, de nos prélèvements, de nos émissions et rejets. En repensant nos besoins, notre rapport à l'Avoir et à notre modèle économique. La sobriété en opposition à l'ébriété. C'est la condition première de la Transition. Aucun système n'est vert, aucun objet n'est vert, aucune énergie n'est verte. Soyons honnête et réduisons notre conso perso. Encore une fois, nous n'en serons pas plus malheureux, bien au contraire.

efficience

• LA DURABILITÉ DES PRODUITS, LE CRITÈRE MAJEUR !

Lors de l'analyse du cycle de vie d'un produit, la durée de vie de ce produit est le critère déterminant de son impact total. En effet, si un produit a une durée de vie courte, je dois en racheter un neuf rapidement et ainsi consommer à nouveau des ressources, générer des émissions de CO_2 et des pollutions. Si mon produit dure longtemps, je l'amortis écologiquement et j'évite de nouveaux impacts. Si mon produit dure deux ans au lieu d'un, je divise son impact par deux (pour un produit ayant peu ou pas d'impact en phase d'utilisation). Trois ans par trois. Dix ans par dix. Etc. Même s'il est au sommet de l'écoconception, mon produit n'a pas d'intérêt écologique si je dois le remplacer dans 6 mois. La meilleure solution est d'éviter tout impact... même réduit !

• RÉPARATION

Allonger la durée de vie devient l'objectif principal. Bien avant la lutte contre l'obsolescence programmée et notre système économique actuel basé sur la production et l'achat de produits. En réparant des produits existants, j'allonge leur durée de vie et je réduis d'autant mon impact sur l'environnement.

• RÉEMPLOI/OCCASION

En réutilisant ou en achetant des produits qui existent déjà, j'évite d'acheter un produit neuf et donc de générer des impacts environnementaux liés à sa fabrication. Allez hop, un petit vide-grenier ?

• ÉCONOMIE DE LA FONCTIONNALITÉ

En louant et partageant des biens matériels, je n'achète pas de produits, j'achète leur usage et les services qui vont avec. Prenons par exemple la ludothèque : en payant 7 euros par an, je loue les jeux. La ludothécaire les met en valeur, vous conseille et assure leur entretien et leur réparation pour une loooonnnngue durée de vie. C'est aussi le cas des photocopieurs en entreprise et le principe pourrait s'appliquer à de nombreux autres domaines : vêtements, appareils numériques, mobilier, voiture... Changeons de modèle économique. **Nous pouvons créer de la richesse autrement que par la production matérielle entraînant l'augmentation de richesses**[7].

Walter Stahel parle de l'économie de la fonctionnalité comme une économie « *qui vise à optimiser l'utilisation – ou la fonction – des biens et services, se concentre sur la gestion des richesses existantes, sous la forme de produits, de connaissances ou encore de capital naturel. L'objectif économique en est de créer une valeur d'usage la plus élevée possible pendant le plus longtemps possible, tout en consommant le moins de ressources matérielles et d'énergie possible [...] (2006)* »[8].

> « Nous pouvons créer de la richesse autrement que par la production matérielle entraînant l'augmentation de richesses. »

• PARTAGE/MUTUALISATION

Appareil à raclette, tondeuse, luge... la liste des objets que l'on possède et qui dorment 99 % du temps est longue. Une voiture est immobile 95 % du temps. Un appareil à raclette partagé par dix familles, c'est autant de pollution en moins et de ressources naturelles économisées ! Repensons ces objets en fonction de leur utilisation. Devenons des utilisateurs plutôt que des consommateurs ! Et si on imaginait des lieux collectifs d'emprunt à l'échelle d'une rue, d'un immeuble, d'un lotissement ? Comme la ludothèque, imaginons des « bricothèques », des « surfothèques », des « vestithèques », des « autothèques », etc. de nouveaux lieux, de nouveaux services pour de nouvelles richesses créées. Et au passage un lieu de

7. Johan van Niel, « Économie de fonctionnalité », In Dominique Bourg, Alain Papaux. Dictionnaire de la pensée écologique. Presses universitaires de France, 2015
8. Walter Stahel est directeur sur le management du risque à The Geneva association' et le directeur fondateur de The Product Life Institute ; il a été membre du groupe de travail sur l'économie de la fonctionnalité lors du Grenelle de l'environnement. http://economiedefonctionnalite.fr

vie, de lien social, d'échanges ; pour sortir de l'isolement dont beaucoup souffrent aujourd'hui. L'isolement du consommateur qui a tout chez lui ! Et surtout une télé.

écoconception

• RELOCALISATION

« La relocalisation, voilà la clé de demain. »

La relocalisation, voilà la clé de demain. Le changement profond de nos sociétés. La vraie redistribution des richesses. L'ensemble de notre économie, finance, santé, nourriture, énergie, suit une logique mondialisée et concentrée. Les États et les citoyens ont perdu tout contrôle au profit des grands groupes et de leurs filiales. Cela entraîne une perte de profits pour les territoires et les entreprises locales, une perte d'emploi, des entreprises qui ferment, une perte du pouvoir de décision local, ainsi que la dérive environnementale que nous connaissons. **En relocalisant nos productions et notre consommation, en favorisant les circuits courts, le partage du capital et de la décision au niveau local, nous recréons de la richesse et de l'emploi sur les territoires, nous protégeons notre environnement et notre santé, nous renforçons le tissu social et la démocratie.** Le réseau BALLE *(Business Alliance for Local Living Economies)* regroupant des dizaines de milliers d'entreprises enracinées localement sur quatre-vingt territoires en Amérique du Nord, donne un exemple de cette « économie locale vivante » qui refonde l'économie sur les territoires et l'action locale[9]. Je suis convaincu pour ma part que les communautés de communes et les agglomérations en France représentent une échelle d'action adaptée pour redéfinir les besoins d'un territoire et son développement en résilience[10]. Celles-ci ont en charge en effet la gestion des flux principaux répondant aux besoins essentiels de la population – énergie, eau, déchets, transports, alimentation – et peuvent décider de la réorientation de l'économie à l'échelle locale. Coopératives de production d'énergie renouvelable locale, circuits courts et autosuffisance alimentaire, construction en écomatériaux locaux, etc. Combien de filières seraient prêtes à renaître ? Combien d'emplois faudrait-il créer localement pour se nourrir, se vêtir, se loger... Et surtout quelle

9. Raphaël Souchier. Made in local. Emploi, croissance, durabilité : et si la solution était locale ? Eyrolles, 2013
10. Rob Hopkins. Manuel de transition. Ecosociété, 2010
11. http://davidkorten.org/money-is/

opportunité de faire vivre une économie moins dépendante du pétrole et des flux financiers mondiaux qui sont à l'origine de ce que nomme David Korten, premier président du BALLE, « l'économie suicidaire »[11]. Ou comment l'Humain a poussé ses logiques de développement à sa propre destruction en le basant sur le profit uniquement, et non sur la réponse à ses besoins fondamentaux. Cette relocalisation ne signifie en aucun cas l'isolement car les échanges culturels, humains ou commerciaux sont le fondement de nos sociétés.

• LABELLISATION

Mais comment savoir si mon produit est écoconçu ? Comment mesurer l'absence ou la réduction d'intrants chimiques dans telle ou telle chose ? Comment être sûr que mon T-shirt n'a pas impliqué le travail d'un enfant ou que le producteur de mon beurre touche la juste rémunération pour son travail ? Le label permet aujourd'hui cette visibilité. Basé sur un cahier des charges négocié par les associations de consommateurs et environnementales, ainsi que sur un contrôle indépendant, l'écolabel permet au consommateur un achat éclairé. L'écolabel européen est multicritère : environnement, santé, éthique, qualité, performance.

Mais les travers de la labellisation sont nombreux :

- **l'auto-labellisation par exemple :** certaines entreprises se déclarent eco-friendly à grand renfort de logo autoproduit par le département marketing, créant une confusion chez les consommateurs et discréditant ainsi les labels dans leur ensemble.
- **la récupération-dénaturation :** c'est le cas par exemple du label bio en alimentation. Récupéré par l'industrie agroalimentaire et la grande distribution, le bio industriel n'est plus du tout en phase avec les intentions initiales du label bio. Il est ainsi devenu suremballé, produit en monocultures intensives dans des pays à la main d'œuvre ayant peu de droits sociaux, transporté sur des milliers de kilomètres par camion et enfin transformé en produits prêts à consommer à grand renfort d'énergie et de produits chimiques. On est loin des produits bruts de mon maraîcher... Le label bio a été récupéré, dénaturé et considérablement affaibli. Jusqu'à perde une partie de sa crédibilité[12].

• ÉCONOMIE CIRCULAIRE, RECYCLAGE ET FIN DE VIE

Le recyclage et l'économie circulaire arrivent en dernière position dans la chaîne d'actions NégaWaste, et non en première.

Comme tous les concepts, ils sont repris, déformés et réutilisés par les tenants du système actuel. Quand nous aurons d'abord réduit et changé notre mode de consommation, alors oui nous pourrons envisager de faire des déchets une ressource.

12. http://www.journaldelenvironnement.net/article/les-labels-durables-ont-perdu-toute-credibilite,91564?xtor=RSS-31

-CHAPITRE 5-

1,5 MILLIARD DE CHINOIS, ET MOI ET MOI ET MOI... LA TRANSITION EN ACTES

MAIS PAR OÙ COMMENCER ?

Fermer le robinet quand je me savonne ? Ça semble du bon sens. Mais bon, j'économise 5 à 10 litres des 1 788 litres d'eau quotidiens que je consomme. Soit 0,5 %. Au total on estime à 123 litres la quantité d'eau consommée au robinet et à 1 665 litres la quantité d'eau cachée dans la satisfaction de mes besoins quotidiens : alimentation, transport, logement, etc. Et c'est sans compter le gel douche au méthylisiothiazolinone et autres toxiques qui se retrouvent dans le cycle de l'eau !

En termes de Transition écologique, on risque d'y passer quelques générations à cette allure folle, les amis ! Surtout si les actionnaires des grands groupes n'éteignent pas, eux aussi, la lumière en sortant de la réunion d'organisation de la fuite des capitaux de leur banque luxembourgeoise, hein. Pas très colibri ça, les gars ! Bref, continuons les écogestes bien sûr, mais penchons-nous surtout sur les priorités de la Transition écologique. Cela fait tant d'années que je me pose la question. Quel est mon premier impact ? Sur le changement climatique. Sur l'eau. Sur les ressources. Sur les communautés humaines. Comment agir en priorité au vu de l'urgence de la situation ? **Le Zéro Déchet a été une très bonne entrée en matière pour commencer notre Transition, notamment pour l'alimentation et la consommation de biens.** Mais cela reste insuffisant pour les autres domaines de la vie quotidienne, domaines bien plus impactants, nous allons le voir.

> « Le Zéro Déchet permet de faire sa Transition écologique dans les domaines de l'alimentation et de la consommation. »

Comment avons-nous mesuré notre impact ?

Pour répondre à cette question de priorisation, nous avons donc réalisé :

- **LE BILAN CARBONE D'UNE FAMILLE FRANÇAISE TYPE** (sources : ADEME, Base Carbone) et celui de la Famille « presque » Zéro Déchet.

- **L'ACV** (Analyse de Cycle de Vie) de certains produits et secteurs de notre quotidien : l'alimentation, le numérique, etc. (sources : base de données ACV EcoInvent 3).

Nous avons travaillé avec des ingénieurs du bureau d'étude APESA[1], spécialisé en écoconception et ACV. Appuyé par un groupe d'étudiants du département Science et Génie des matériaux de l'IUT de Bordeaux. Un projet ambitieux et en partie... vain. Les facteurs sont aussi multiples et les périmètres d'analyse aussi larges que la tâche est complexe. Nous n'avions malheureusement ni le temps ni les moyens, d'être exhaustif. De plus, l'état des connaissances actuelles est limité. Malgré toute notre puissance technologique – et aussi incroyable que cela puisse paraître –, nous ne connaissons pas tous les impacts de nos produits et de nos actions aujourd'hui sur Terre. Le travail de recherche est colossal et l'argent du pôle recherche et développement des grandes entreprises est orienté vers la production plutôt que vers la mesure de leur impact malheureusement. Nous avons dû estimer, évaluer, modéliser, comparer. Nous avons compilé les études existantes sur les sujets issus d'institutions spécialisées telles que l'INSEE, l'ADEME, des bureaux d'études indépendants ou encore les données issues d'institutions privées.

Nos résultats ne sont pas précis au gramme près, ce sont les aléas de la méthodologie, qui relève de choix au départ : les périmètres des études, les facteurs d'émission et de pollution. Mais la méthodologie est sérieuse et chaque fois sourcée. Et les marges d'erreur appliquées sont scientifiquement acceptables. La dimension pédagogique de notre travail reste valable et nous pouvons apporter des réponses. Surtout, nous pouvons donner une priorité aux actions à mettre en place individuellement et collectivement pour faire cette belle Transition écologique que la planète et les communautés humaines réclament.

1. https://www.apesa.fr

Le bilan carbone

Sa grande limite est d'être monocritère, en effet il ne mesure que les émissions de gaz à effet de serre (GES). Il permet donc d'évaluer uniquement les conséquences sur le réchauffement climatique de nos actions ou produits. Si l'on ne prend en considération que cet angle de vue carbone, alors on peut conclure que l'énergie nucléaire est parfaite. Mais quid des déchets nucléaires, de la radioactivité et du danger que cela fait peser sur les communautés humaines ? De même, les éoliennes semblent parfaites pour lutter contre le réchauffement climatique, mais quid de l'épuisement des minerais nécessaires à leur fabrication ou de l'aménagement lourd que leur installation nécessite ? Le bilan carbone est donc incomplet, mais il représente un indicateur qui permet tout de même de prioriser nos actions.

En choisissant l'angle du carbone et du réchauffement climatique, nous avons un écobilan de nos vies plutôt fidèle et suffisamment clair pour permettre le passage à l'action. Notre empreinte carbone correspond à l'ensemble de nos émissions liées à notre consommation directe, consommation de biens et de services provenant autant de la production intérieure que de la production étrangère importée. Nous avons de plus inclus les émissions carbone liées à notre argent en banque, car les projets financés par nos banques françaises n'entrent pas en compte dans nos postes de consommation. Les usines à charbon à l'autre bout de la planète qui sont financées par nos banques ne sont pas celles qui vont produire nos biens achetés ici et produits là-bas. Pourtant, il s'agit bien d'émissions issues des activités françaises, de notre travail. C'est un choix à la fois méthodologique et pédagogique, pour comprendre le rôle clé de l'argent dans le système actuel et dans la Transition écologique.

L'ACV ou analyse de cycle de vie d'un produit

Cette mesure a par contre une double approche : multiétape et multicritère. Multiétape car elle nous permet de mesurer et comprendre l'impact de la production d'un bien tout au long de sa vie : l'extraction de matières premières entrant dans sa fabrication, leur transformation, l'utilisation du bien et sa fin de vie. Multicritère car sont mesurés : l'énergie et les émissions carbone ; l'eau, la quantité utilisée et les pollutions générées dans le cycle de l'eau ; enfin la consommation de ressources et le risque de leur épuisement. C'est un outil d'analyse et de compréhension, mais aussi qui permet des choix de consommation beaucoup plus précis. Tout est question de process de fabrication. Allons contre les idées reçues, pas « pour ou contre » mais « comment ». Ceci permet de relativiser certains « écogestes » et de fixer des priorités. Quand on sait qu'un burger nécessite en eau l'équivalent de 6 mois de douche (le blé, le bœuf, tout ça...), on relativise l'écogeste de fermer son robinet pendant le savonnage de son corps d'athlète. Le souci de l'eau en France n'est pas tant la quantité disponible que sa pollution. En résumé : zappons les happimille bestoffe plusse, achetons un savon bio local en vrac plutôt qu'un gel douche aux perturbateurs endocriniens. Et rinçons-nous normalement !

« Un burger nécessite en eau l'équivalent de 6 mois de douche, on relativise l'écogeste de fermer son robinet pendant le savonnage de son corps d'athlète. »

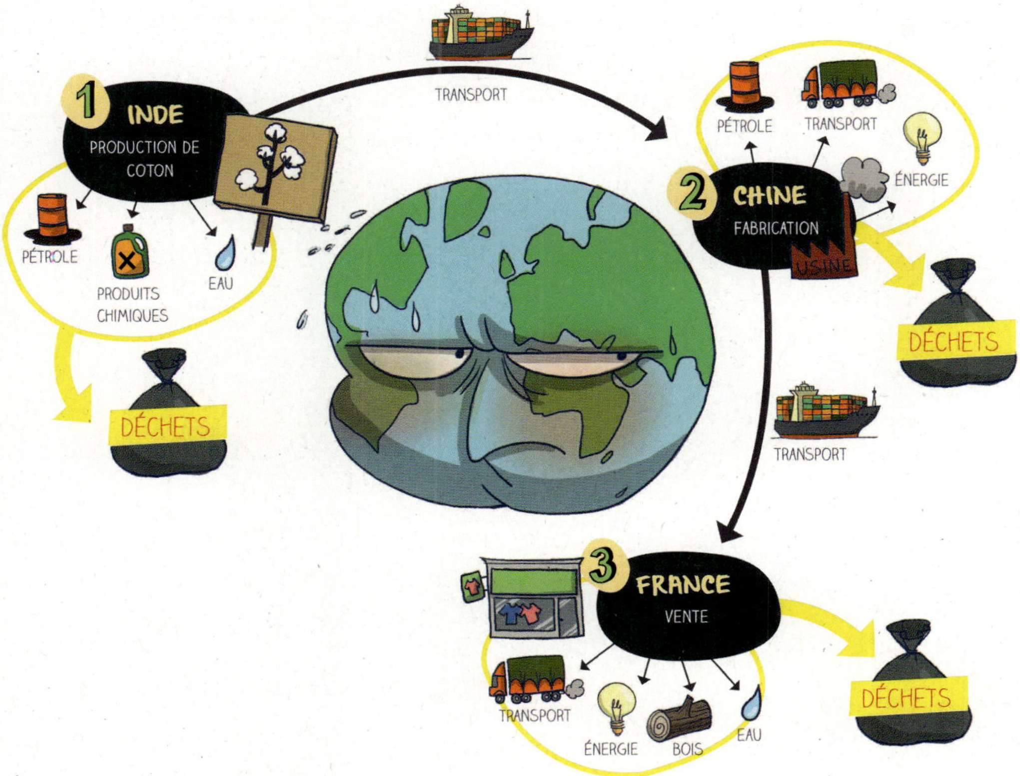

LE PODIUM DE NOTRE IMPACT ENVIRONNEMENTAL...

Bilan carbone annuel d'une famille française type

Classement par postes contributeurs	émission CO_2 (kg éq. CO_2)	%
1. Argent	35 000	41
2. Transports	22 071	26
3. Logement	12 000	14
4. Alimentation	8 430	10
5. Biens de conso	3 889	5
6. Services publics	2 988	4
TOTAL :	84 378	100

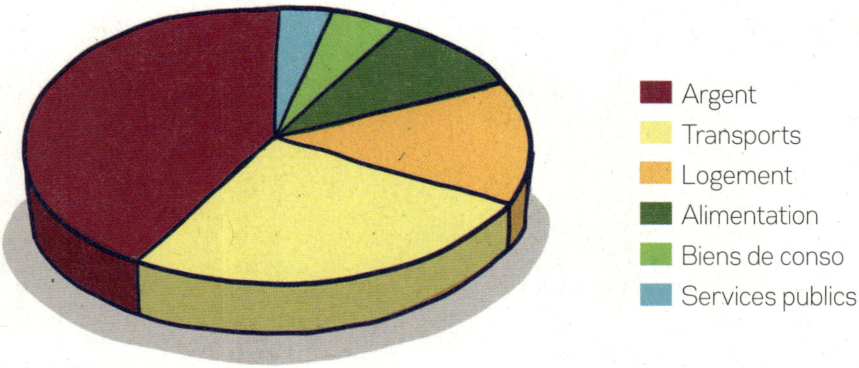

Sources : Facteurs d'émission : ADEME Base Carbone. ACV Ecoinvent 3.

Mais quel suspens ! « Alors, par quoi je commence pour changer le monde ?! J'ai une révolution à mener moi ! » Je comprends votre impatience, vous êtes encore tombé sur un documentaire sur la disparition des espèces. Posez cinq minutes vos gilets jaunes, pancartes, Facebook, et ouvrez le poing pour tourner les pages.

Selon notre étude, l'argent, les transports, le logement et l'alimentation représentent à eux quatre 91 % de nos émissions carbone. **Manger, dormir, se déplacer et payer tout cela. Voilà notre impact principal. Ce qui nous renvoie finalement à nos besoins primaires et notre humble condition de mammifère.** Désolé pour ceux qui pensaient que la consommation numérique allait faire exploser la planète ! Elle serait susceptible de le faire, mais dans quelques années et par une autre voie, technologique et géopolitique celle-ci, et à cause de notre ultradépendance aux ressources, nous en reparlerons.

« Selon notre étude, l'argent, les transports, le logement et l'alimentation représentent à eux quatre 91 % de nos émissions carbone. »

En attendant, notre impact *number one* est notre argent en banque. Du moins pour ceux qui en ont. Comme toujours, c'est le nerf de la guerre, on aurait dû s'en douter. Il va falloir en reprendre le contrôle, c'est une urgence, car votre argent ne vous appartient plus et enrichit d'autres que vous...

- Impact numéro deux : notre transport. Et son plus fidèle agent destructeur du climat : l'avion. Un aller-retour long-courrier et voilà que j'ai émis quasi autant que pour mon alimentation de toute l'année ! Indispensable de manger bio et local c'est clair, mais, si l'on veut prioriser, il va falloir repenser la prochaine réunion avec les clients chinois par skype et mes vacances en transport doux. Pas facile hein ? Ça y est, on en est déjà presque à devoir faire des choix... En même temps, des vacances itinérantes à vélo, ça peut être juste génial !
- Troisième impact : le logement. On s'en doutait que cette maison Bouygues en ciment-béton et chauffage au fioul ne semblait pas superécologique...
- Quatrième impact et pas des moindres : l'alimentation. Que l'on pourrait largement remonter sur le podium, tant l'alimentation a des coûts cachés majeurs en plus de celui du changement climatique : la dégradation énorme de notre santé en premier lieu, la pollution de l'eau, la perte d'emploi, l'épuisement des sols, la dépendance alimentaire.
- Vient ensuite notre consommation de biens d'équipement et de produits de consommation. Le pilier de notre société de croissance-consommation.
- Enfin, nous sommes de grands chanceux d'habiter en France. Nous pouvons (encore) nous faire soigner, éduquer nos enfants, être en sécurité et protégés, circuler. Ce sont les services publics. Tout cela signifie des bâtiments chauffés, des routes, des agents, des enseignants, des infirmiers qui mangent et se déplacent. Quand on voit le service qu'ils nous rendent et l'impact carbone en retour, on peut estimer qu'ils sont plutôt efficients. Mais une grande amélioration écologique est à apporter, comme dans tout le reste de notre société.

On voit bien que notre empreinte carbone est liée en très grande partie à l'énergie utilisée par la production, la fabrication de ce que l'on consomme, et non directement à l'utilisation par les individus. Encore une fois, notre impact nous est invisible. À cela s'ajoute le fait que nous ne voyons pas le CO_2 en suspension dans notre atmosphère, contrairement aux déchets bien visibles, eux. Difficile d'être en pleine conscience du changement climatique ou de la surexploitation des stocks d'énergie fossile. Difficile de passer à l'acte et de voir les bienfaits de ses changements de comportement. C'est dans ce vide que les climatosceptiques se sont engouffrés pour remettre en question la nécessité de la Transition écologique. Aujourd'hui l'abondante littérature scientifique et le consensus politique général nous invitent à accepter les faits climatiques et agir. Cette évaluation carbone de notre empreinte familiale nous permet de prioriser nos actions et d'en mesurer les effets.

ALORS, AVOIR UNE DÉMARCHE ZÉRO DÉCHET, ÇA VAUT LE COUP ?

Bilan carbone annuel de la Famille « presque » Zéro Déchet

Classement par postes contributeurs	émission CO_2 (kg éq. CO_2)	%
1. Argent	24 000	37
2. Transports	22 071	34
3. Logement	12 000	19
4. Services publics	2 988	5
5. Alimentation	1 920	3
6. Biens de conso	1 296	2
TOTAL :	64 275	100

Le résultat carbone de notre famille « presque » Zéro Déchet diffère un poil, on le voit. En volume nous sommes à 20 427 kg de CO_2 annuels économisés par an, soit 24 % de moins qu'une famille type. C'est une grande satisfaction suite à nos démarches Zéro Déchet : l'impact de notre alimentation désormais bio-locale-de saison n'est plus que de 3 %. Et notre consommation de biens et produits aux deux tiers d'occasion et mutualisés de 1,5 % ! **Ce sont donc des réductions par 4 pour l'alimentation et par 3 pour notre conso en comparaison avec une famille type.**

Alors oui, le Zéro Déchet ça vaut le coup pour le climat et les écosystèmes ! **Se lancer dans une démarche Zéro Déchet permet surtout de faire sa Transition écologique dans les deux domaines finalement les plus complexes, diversifiés et longs à changer : notre alimentation et notre consommation.** Complexes car cela fait appel à nos profondes dépendances actuelles, à nos habitudes les plus ancrées. Diversifiés, car cela concerne une multiplicité d'habitudes et de produits ! En comparaison, l'argent, le transport et le logement sont des leviers plus « simples » à actionner car il suffit d'une, deux ou trois actions pour changer notre organisation en ce qui les concerne.

Il nous reste donc trois grands domaines dans lesquels nous devons changer nos habitudes pour limiter les émissions carbone de notre famille :

1. **NOTRE ARGENT** à la Banque Postale ne génère « que » 480 g de CO_2 par euro. Nous sommes en dessous de la moyenne de 700 g attribuée à la famille type. Mais nous pouvons mieux faire, c'est certain.

2. **L'AVION NE PARDONNE PAS !** Un long-courrier cette année pour aller au Québec additionné à un moyen-courrier vers un pays frontalier, et c'est plié pour nos efforts annuels... Nous avions pourtant réussi à ne pas prendre l'avion pendant deux ans. Quant à nos deux voitures quotidiennes... Il va falloir qu'on se fixe de bonnes résolutions pour cette année et se passer d'avion ! Voire de voiture... Ça te dit des vacances à dos d'âne dans les Cévennes, chérie ?

3. **NOUS SOMMES LOCATAIRES** d'une maison classique cette année, nous avons donc pris les données moyennes ADEME pour le logement. Acheter un terrain et construire ? Déménager pour un logement passif ? Il va falloir trancher dans le vif pour limiter cet impact et se mettre en chantier...

Trois beaux impacts sur l'environnement, trois beaux chantiers à mettre en œuvre pour notre famille « presque » Zéro Déchet. Allons voir dans chaque secteur précisément quelles sont les solutions pour réduire nos impacts carbone.

-CHAPITRE 6-

MA TRANSITION FINANCIÈRE : LA PRIORITÉ

La finance, premier impact, première solution de la Transition

Services marchands	Quantité d'argent pour une famille de 4 personnes/an	Émission CO_2 (kg éq. CO_2 par an) *Facteur d'émission moyen : 700 g/€*
Compte courant	25 000 €	17 500
Compte épargne	25 000 €	17 500
TOTAL :	50 k€	35 000 kg
Pour info et comparaison :		
Assurance	2 793 €	307
Mutuelle	1 040 €	155
Restaurant/hôtel	4 868 €	1 558

Sources :
Valeurs : Insee. https://www.insee.fr/fr/statistiques/, Planetoscope, argent.boursier.com
Facteurs d'émissions : Utopies 2010 http://www.utopies.com, Base Carbone

DORMEZ CITOYENS, ON S'OCCUPE DE TOUT...

... ET SURTOUT DE VOTRE ARGENT, POUR FINANCER NOS PROJETS, NOTRE MONDE...

Pendant que nous éteignons soigneusement notre lumière avant de sortir de la pièce, **notre argent en banque génère le principal de nos émissions carbone annuelles. Et pas une paille : 41 % des émissions totales !** C'est la moyenne nationale pour une famille française qui a 25 000 € en épargne et 25 000 € sur le compte courant[1]. Cela correspond à l'équivalent de 35 tonnes de CO_2 émises en moyenne par une famille française chaque année, soit 897 435 heures d'utilisation d'une

1. https://argent.boursier.com/

ampoule de 60 W... On relativise un poil l'écogeste en question du coup, même s'il reste nécessaire, on est d'accord. D'après l'étude Utopies 2010[2], sur laquelle nous nous sommes appuyés pour notre bilan, notre argent génère l'équivalent de 200 g à 1 kg d'éq. CO_2 pour chaque euro en banque. Précisément 196 grammes d'éq. CO_2 pour 1 euro sur un compte à la Nef, banque à finance responsable et solidaire, contre 1,07 kg pour un euro au Crédit Agricole. Tiens, intéressant, on retrouve le Facteur 4[3] qu'il aurait fallu appliquer à nos émissions pour contenir le changement climatique à 2 °C d'ici la fin du siècle.

Les banques placent donc notre argent aux quatre coins du monde et génèrent ainsi des centaines de milliards d'euros chaque année. Elles soutiennent des projets dépendant des énergies fossiles, donc fortement émetteurs en CO_2, quand ce ne sont pas des projets qui vont complètement à l'opposé des différents scénarios de réduction des émissions définis par les grands traités internationaux de type COP21, comme par exemple le financement des centrales à charbon ou l'exploitation des sables bitumineux. Ainsi, par exemple, la Société Générale a soutenu le secteur des énergies fossiles à hauteur de 32 milliards d'euros entre 2009 et 2014, dont 8 milliards investis directement dans le charbon[4].

Nous parlons d'émissions de CO_2, mais l'impact d'une banque passe aussi par des projets économiques de spéculation financière, des projets situés dans les pays à législation de complaisance, des projets détruisant les écosystèmes ou les communautés humaines locales, des projets ne favorisant pas l'économie locale et nos emplois. Vous souhaitez connaître les risques environnementaux et sociaux pris par votre banque ? Rendez-vous sur le site des Amis de la Terre qui a évalué et classé les banques françaises : *financeresponsable.org*.

2. http://www.utopies.com
3. En France, le Facteur 4 désigne l'engagement pris en 2003 devant la communauté internationale par le chef de l'État et le Premier ministre de diviser par un facteur 4 les émissions nationales de gaz à effet de serre du niveau de 1990 d'ici 2050. Objectif validé par le Grenelle de l'environnement en 2007
4. http://financeresponsable.org/entreprise.php

Banques	Émissions annuelles de gaz à effet de serre : g CO2 / € confié à la banque	Émissions annuelles de gaz à effet de serre : Millions de tonnes de CO2 / an	Commentaires
Groupe Crédit Agricole *(Crédit Agricole, Crédit Lyonnais...)*	1 070 g/€ (1er)	1 070 Mt (3e)	Le Crédit Agricole est la banque la plus intensive en carbone. Elle doit cette place à la part très importante qu'occupe le secteur énergétique (pétrole, gaz, charbon) dans ses crédits aux grands groupes.
HSBC Holding	910 g/€ (2e)	1 530 Mt (1er)	
BNP Paribas *(BNP, Fortis...)*	905 g/€ (3e)	1 360 Mt (2e)	Une forte part des actifs de BNP Paribas est investie dans les grands groupes industriels, notamment dans le secteur de l'énergie. Elle est la banque française la plus émettrice de gaz à effet de serre et la seconde en émissions par euro.
Société Générale *(SocGen, Crédit du Nord, Boursorama)*	890 g/€ (4e)	634 Mt (4e)	La Société Générale a un profil très proche de celui de BNP Paribas.
HSBC France	700 g/€ (5e)	100 Mt (7e)	
Crédit Mutuel *(Crédit mutuel, CIC, Fortuneo)*	620 g/€ (6e)	280 Mt (6e)	Le Crédit Mutuel garde un fort ancrage dans son métier historique, la banque de détail, avec une part importante de ses fonds prêtés aux PME et aux particuliers (activités relativement peu polluantes). Mais il investit aussi un quart de ses actifs dans les grandes entreprises, en particulier dans la production de matériaux de construction, l'agroalimentaire et la grande distribution.
BPCE *(Caisse d'Épargne, Banque Populaire, Natixis, Crédit Coopératif...)*	540 g/€ (7e)	450 Mt (5e)	D'une taille proche de la Société Générale, le groupe BPCE ressort comme moins polluant : il investit en effet beaucoup dans l'immobilier et relativement peu dans l'industrie lourde.
La Banque Postale	480 g/€ (8e)	80 Mt (8e)	Position liée à son statut légal davantage qu'à un choix militant : elle n'investit pas dans les entreprises. L'argent confié à la Banque Postale finance principalement des prêts immobiliers, l'État et la Caisse des dépôts (qui elle-même investit la moitié de ses fonds dans du logement social et l'autre moitié sur les marchés financiers).
Crédit Coopératif *(banque du groupe BPCE)*	425 g/€ (9e)	5 Mt (9e)	Le Crédit Coopératif finance principalement la clientèle de détail, notamment les PME et le secteur associatif. Ce modèle économique exclut *de facto* le financement du secteur pétrolier et des industries lourdes, très polluants.
La Nef *(distribue ses livrets via le Crédit Coopératif*	200 g/€ (10e)	0,05 Mt (10e)	La Nef n'investit que dans des projets écologiques et sociaux (fermes biologiques, projets de commerce équitable, équipements d'économies d'énergies, etc.).

Source : Le cabinet de conseil Utopies et l'association Les Amis de la Terre publient le 22 novembre 2010 l'empreinte carbone des groupes bancaires français.
https://www.amisdelaterre.org/IMG/pdf/dossier_annexe_classement_2.pdf

Notre argent est bien le premier impact carbone de notre vie quotidienne. Surtout, nous sommes les premiers soutiens de la finance spéculative. De façon totalement involontaire, car la majorité d'entre nous n'en a aucune connaissance. Et surtout... pas le choix ! Incroyable. Nous sommes les vaches à lait du système financier. Et de très bonnes vaches : les Français cumulent 3 600 milliards d'euros en banque, avec l'épargne et le compte courant. Qui profitent bien trop peu aux PME de nos territoires pourtant génératrices d'emplois et de richesses : « un tiers d'entre elles connaissent des difficultés de financement ou de trésorerie, notamment du fait de leur sous-capitalisation »[5]. Les banques généralistes ont réduit la voilure des financements aux entreprises locales à la faveur de la spéculation financière et des grands groupes. Rappelez-vous, 97 % des mouvements d'argent sont spéculatifs, 3 % seulement appartiennent à l'économie réelle[6] !

« Nous sommes les premiers soutiens de la finance spéculative, de façon totalement involontaire, les vaches à lait du système financier. »

5. Bernard Cohen-Hadad président de la CGPME in Raphael Souchier. Made in local. Eyrolles, 2013, p.155
6. François Morin. Le Nouveau Mur de l'argent : essai sur la finance globalisée. Le Seuil, 2006

REPRENDRE LE CONTRÔLE DE NOTRE ARGENT

Notre société n'a jamais été aussi riche dans l'histoire de l'humanité. Jamais. Les PIB se comptent en milliers de milliards d'euros et les milliardaires en dizaines de milliers[7]. Et pourtant, nous avons 10 % de Français sous le seuil de pauvreté et des inégalités inacceptables à notre niveau de richesse. **Cette richesse, nous la créons par nos activités, notre travail et, clairement, elle nous échappe. Comme un aspirateur à dividendes par le haut. Récupérons-les.** Reprendre le contrôle de notre argent est bien LA PRIORITÉ pour assurer la transition écologique, économique et sociale dans notre vie quotidienne. Premier impact, première solution. À la fois pour réduire notre impact environnemental, et aussi pour réorienter la richesse financière des marchés financiers vers des projets locaux, socio-éco-responsables et au service de l'économie réelle. Mon euro est mon pouvoir. Mon euro est un choix de société. L'argent ou le nerf de la guerre... On pouvait s'en douter, mais là c'est clair : faites-en votre premier cheval de bataille. Comment ? Nous devons sortir notre argent de ce système parasite et en reprendre le contrôle.

> « Nous devons sortir notre argent de ce système parasite et en reprendre le contrôle. »

C'est ce que préconise le mouvement Move your money[8] lancé en 2009 par Arianna Huffington (fondatrice du Huffington Post) et un groupe d'économistes du genre plutôt atterrés. Voici le message d'accueil de leur site web : *« Votre banque utilise votre argent pour financer des personnes et des politiques que vous ne soutenez pas »*. Ainsi, la fondation créée par ce groupe invite les personnes qui le souhaitent à créer un compte sur leur banque en ligne et ainsi soutenir des projets, des ONG et des entreprises responsables.

En France, il existe des initiatives de ce type. Notamment dans le domaine de l'agroécologie et le financement d'une agriculture respectueuse de l'environnement et solidaire : Terres de liens[9], Blue Bees[10], Slowmoney[11]. Ces initiatives s'attachent à rediriger notre argent vers des projets et entreprises non spéculatifs, d'intérêt

7. https://bfmbusiness.bfmtv.com/monde/il-n-y-a-jamais-eu-autant-de-milliardaires-dans-le-monde-1473568.html
8. https://www.moveyourmoney.com
9. https://terredeliens.org
10. https://bluebees.fr
11. http://www.slowmoney.fr

général et respectueux de l'humain et de son milieu. Comme le suggèrent ses acteurs, rêvons un peu : « À quoi ressemblerait le monde si nous investissions 50 % de nos économies à moins de 100 km de là où nous vivons ? ».

Ces initiatives montrent une voie. Malheureusement, il existe encore trop peu de solutions de coopératives locales et vertueuses, et surtout pas de banques locales. Le système bancaire français est ultraconcentré *« autour des quelques banques généralistes mondialisées qui gèrent à la fois les particuliers, les entreprises de toutes tailles et les activités de placements sur les marchés financiers. »*[12] Ces quelques banques, dont on a vu le bilan carbone un peu avant, concentrent les décisions, la création monétaire et les orientations économiques, la politique et la régulation bancaire. C'est pas gagné pour faire une Transition financière et aller vers un système local et un capital partagé...

À quand des banques locales ? Quand pourrons-nous choisir de mettre notre argent dans notre économie locale et réelle ? Dans nos emplois et l'avenir de nos enfants... En attendant de créer vous-même une coopérative de financement solidaire et locale, vous pouvez déjà participer aux coopératives existantes référencées par le label Finansol.

12. Pierre-Cyrille Hautcœur, directeur d'études à l'EHESS, dans Le Monde du 24 juillet 2012 in Raphael Souchier. Made in local. Eyrolles, 2013, p.142

LES ACTIONS...

Notre schéma NégaWaste pour les finances

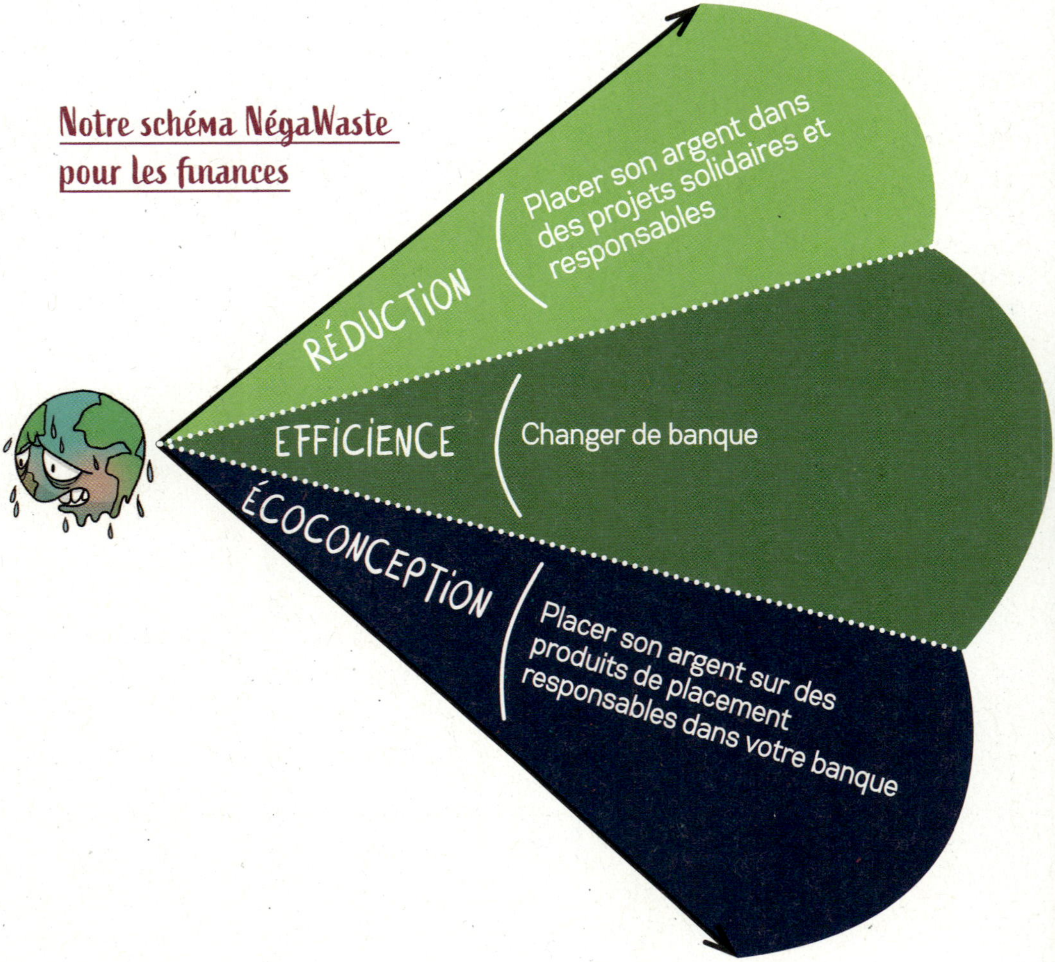

Action 1 : Placer son argent dans des projets solidaires et responsables

Le label Finansol[13] permet de distinguer les placements d'épargne satisfaisant aux critères de la finance solidaire. Les entreprises concernées par les livrets solidaires ne sont pas cotées en bourse (contrairement à l'investissement socialement responsable [ISR] nous y reviendrons) et répondent à des missions de lutte contre l'exclusion, pour la protection de l'environnement et la cohésion sociale.

13. https://www.finansol.org

Ainsi, Finansol peut vous aiguiller dans vos choix : énergie renouvelable, agriculture biologique, économie de la fonctionnalité (qui privilégie la vente ou la location de l'usage du bien à la vente ou la location du bien lui-même), projets de développement au Sud, santé, culture[14]... Vous bénéficiez de plus d'avantages fiscaux, car 25 % du montant de votre souscription est déductible de votre impôt sur le revenu. La condition est que ce montant ne dépasse pas 50 000 € pour une personne seule et 100 000 € pour un couple marié ou pacsé et que les parts soient conservées au moins 5 ans[15]. Le livret solidaire de la Nef assure lui aussi un financement transparent et à 100 % d'intérêt général[16].

FOCUS un exemple de placement solidaire : Terre de liens[17]

Sur le site internet Terre de liens, c'est très simple : il suffit de remplir un formulaire en ligne et de transférer l'argent directement en ligne.

L'association a été créée en 2003 afin d'agir contre la disparition des terres agricoles en France. Afin de se doter d'un outil financier lui permettant d'acquérir elle-même des fermes, l'association a créé en 2006, en partenariat avec la Nef, la société foncière Terre de liens.

La foncière collecte de l'épargne solidaire auprès des citoyens et des institutions privées et acquiert des biens immobiliers en milieu rural pour en assurer, sur le long terme, une gestion sociale et écologique conforme à la charte de Terre de liens. Les exploitations achetées par la foncière Terre de liens sont louées à des agriculteurs pratiquant une agriculture respectueuse de l'environnement et n'ayant pas la capacité financière de faire l'acquisition de ces terres. En souscrivant au capital de la foncière Terre de Liens, vous participez donc à ce travail de soutien de l'agriculture paysanne.

14. https://www.finansol.org/les-projets-finances-grace-a-l-epargne-solidaire/
15. https://www.service-public.fr/professionnels-entreprises/vosdroits/F31837
16. https://www.lanef.com
17. https://terredeliens.org/epargner-solidaire-et-utile

• CHIFFRES CLÉS

En 2016, grâce à l'épargne solidaire, la foncière Terre de liens a procédé à l'acquisition de 19 fermes, permettant ainsi à des agriculteurs de pratiquer, sur ces exploitations, une agriculture respectueuse de l'environnement. Depuis la création de la foncière, Terre de liens a aidé 181 paysans à s'installer.

• LABEL FINANSOL

Les actions de Terre de liens ont été labellisées Finansol en décembre 2007 et font l'objet d'un contrôle annuel dont le dernier a eu lieu en octobre 2017.

• SÉCURITÉ DU PLACEMENT

Depuis sa création, le cours de l'action de la Foncière n'a jamais été revu à la baisse, il a même été réévalué à plusieurs reprises, ce qui lui confère un certain gage de sécurité et de stabilité.

• PERFORMANCES FINANCIÈRES

La foncière Terre de liens n'a pas prévu de versement de dividendes à ses actionnaires. En revanche, la valeur de ses parts a déjà été réévaluée à la hausse (103,50 € au 1er janvier 2017). Par ailleurs, il existe une possibilité de gain par le biais de l'avantage fiscal.

• DURÉE DE PLACEMENT CONSEILLÉE

Pour pouvoir profiter de l'avantage fiscal, il est nécessaire de conserver ses titres pendant au moins 5 ans en cas de rachat par un tiers ou 7 ans en cas de remboursement de l'entreprise solidaire.

En comparaison, une assurance-vie classique contractée dans une banque française est avantageuse fiscalement uniquement après 8 ans et pendant ce temps notre argent travaille, mais les agriculteurs locaux non...

action 2 : Changer de banque !

Et mon compte courant, me direz-vous ? Car l'action de placement éthique ne concerne que l'épargne. Alors là, les propositions sont encore moins nombreuses. Bienvenue dans le vide de la finance éthique française. Nous n'avons tiré aucune leçon de la crise de 2008 lors de laquelle nous avons donné, « nous », les contribuables français, 30 milliards d'euros pour maintenir ce système toxique[18].

• **UNE SEULE SOLUTION :** changer de banque pour une banque éthique. Le Crédit Coopératif et la Nef sont les seules banques à publier l'ensemble de leurs placements annuels et assurer que 100 % de leurs placements sont solidaires, c'est-à-dire au service de l'économie réelle et de projets d'intérêt général[19].

Mais concrètement le Crédit Coopératif ne peut pas tous nous accueillir. Même si son taux de croissance annuel est de 9,7 %, ce qui est énorme, le Crédit Coopératif reste une banque de petite taille, avec un chiffre d'affaire annuel de 17,5 milliards d'euros, et ne pourra donc pas accueillir tous les Français d'ici 30 ans !

Pour certains d'entre nous, il n'est de plus pas forcement aisé de changer de banque : prêt immobilier en cours, proximité géographique de la banque en question, etc.

• **DERNIÈRE SOLUTION :** demander à son banquier de placer son argent sur des produits de placement éthiques. Ah bon ? Ça existe ?! Trop bien ! Houlaaaaa... ne nous emballons pas trop et regardons de plus près.

action 3 : Placer son argent sur des produits de placement responsables dans votre banque

Il existe différents types de placements de son épargne, avec des degrés d'engagement solidaire plus ou moins forts et réels. En effet, selon le type de produit d'épargne choisi, un pourcentage plus ou moins important de notre argent va vers des projets solidaires. Comme dans tout le reste de l'économie, le greenwashing fonctionne à plein tube et, comme d'hab, on a vite fait de se faire avoir par des autoproclamations « eco-friendly ».

18. http://www.entreprendre.fr/sauvetage-banques-francaises-subprime
19. https://tousbanquiers.credit-cooperatif.coop/adhérer-à-un-projet-qui-vous-ressemble

Ainsi ont été développés les fonds d'Investissement Socialement Responsable[20] (ISR). À l'instar du développement durable et des démarches dites responsables pour le reste de l'économie, l'ISR est censé se baser sur des fonds, des projets ou des entreprises sélectionnés selon les critères d'ESG (Environnement, Social et Gouvernance). À y regarder de plus près, on en est loin. Tout d'abord, la transparence n'est pas toujours au rendez-vous de la part de la banque, qui déclare certes faire ce type de placement, mais sans en publier les résultats. Ensuite, et surtout, seulement un petit pourcentage de ces fonds, placés via l'ISR, est dédié aux entreprises solidaires. La très grande partie tombe dans la besace de la bourse classique. L'ISR participe donc d'une désinformation et d'un greenwashing des placements financiers des banques classiques[21]. À tel point que l'ONG Les Amis de la Terre demande sa suppression[22].

« L'ISR participe d'une désinformation et d'un greenwashing des placements financiers des banques classiques. »

Pour y voir plus clair, comme en agriculture et dans les autres secteurs économiques, fions-nous aux labels. Les labels Finansol et Novethic offrent une transparence et un gage de fiabilité sur les projets concernés par l'ISR et les différents produits d'épargne dits solidaires[23, 24].

20. http://www.investissement-socialement-responsable.org/
21. « Chapitre 12. Êtes-vous conscient que vous ne financez pas l'économie réelle ? », par Jean-Laurent Bonnafé in Maxime de Rostolan. On a 20 ans pour changer le monde. Larousse, 2018
22. www.amisdelaterre.org
23. http://www.finansol.org
24. https://www.novethic.fr

• UN POINT SUR L'EXISTANT[25] :

- **PEL, CEL, Livret jeune :** la finalité solidaire ne concerne qu'un pourcentage du placement. L'écoresponsabilité de ces produits n'est pas certifiée car les fonds sont investis au bon vouloir de la banque.

- **Livret A, Livret de Développement Durable** (ex-Codevi), **Livret d'Épargne Solidaire** financent en partie les logements sociaux mais sont placés majoritairement selon le bon vouloir de la banque. L'impact positif de ce placement est donc encore une fois seulement partiel.

- **Actionnariat direct, Sicav, Assurance-vie solidaire, Épargne salariale, Épargne retraite** sont clairement des produits financiers orientés en direction des marchés financiers et des entreprises cotées en bourse. Seuls certains labellisés Finansol garantissent qu'une petite partie de votre argent ira vers les entreprises solidaires.

Aucune transparence n'est assurée et le placement de notre argent de façon solidaire ne concerne qu'un faible pourcentage. Notre argent reste donc encore la caution du système financier actuel et des multinationales dont la capitalisation est faite sur les marchés dans des objectifs de rentabilité à court terme.

Quel cynisme, notre assurance-« vie » finance sans doute une activité d'armement, d'exploitation de communautés humaines du Sud ou de destruction des écosystèmes. On a vu mieux pour « assurer notre vie » et notre futur.

« Quel cynisme, notre assurance-" vie " finance sans doute une activité d'armement, d'exploitation de communautés humaines du Sud ou de destruction des écosystèmes. On a vu mieux pour " assurer notre vie " et notre futur. »

25. http://www.epargnonssolidaire.fr

FOCUS

Selon l'Observatoire 173 créé par The Shift Project[26] (en rapport avec l'article 173 de la loi relative à la transition énergétique), *« 14 millions de Français sont détenteurs d'une assurance-vie, une épargne à long terme qui constitue bien souvent leur complément de retraite. Avec un tiers du total, il s'agit du principal réceptacle de l'épargne financière des Français. »* Selon l'Observatoire, les banques et compagnies d'assurance continuent d'investir massivement dans le charbon : dans les mines pour l'extraction et les centrales thermiques pour la production d'électricité. Aucune politique interne n'est mise en place au sujet de l'article 173, *« lequel demande aux gestionnaires de portefeuilles financiers d'expliciter la façon dont ils prennent en compte (ou pas) la question climatique dans la gestion de leurs actifs »*. Ces grandes compagnies continuent d'investir dans le changement climatique. Aucune remise en question quant à la gestion des actifs des Français. Aucune transparence quant aux choix de placements. Les épargnants continuent de ne pas être informés des effets désastreux de leurs deniers placés pour assurer leur vie[27].

26. www.theshiftproject.org/
27. https://theshiftproject.org/article/charbon-assurance-vie-observatoire-173/

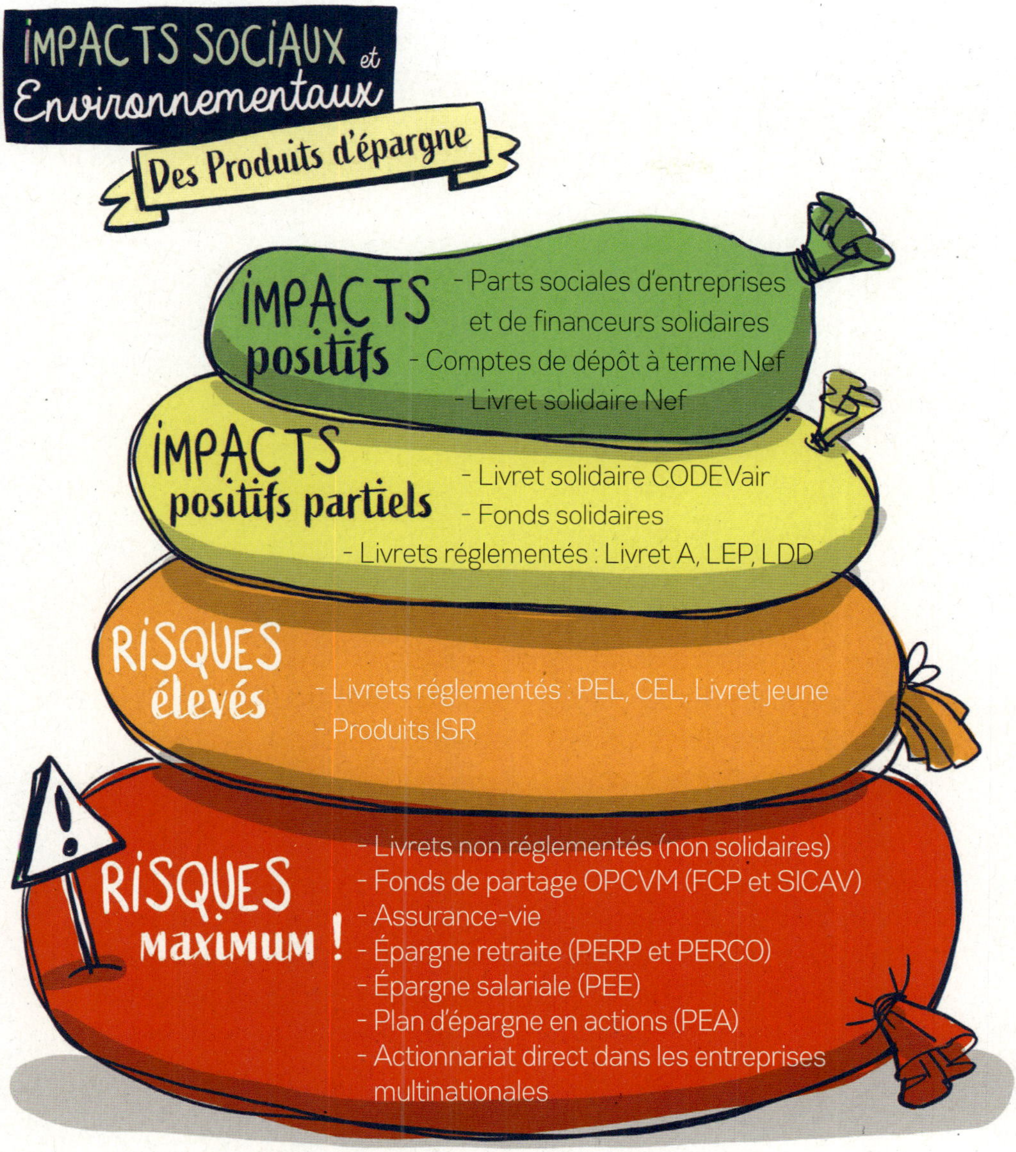

En conclusion, vous l'avez compris, pour la reprise en main de notre argent, ce n'est pas gagné. Le système est bien verrouillé par le haut et le capital concentré dans la main de quelques banques majeures. Summum du verrouillage et de l'instabilité du système : ces banques concentrent autant les activités de spéculation que celles d'investissement, créant le château de cartes que l'on connaît pour notre économie, et une impunité de fait, car comment se passer d'elles ?

Source : http://www.epargnonssolidaire.fr

Rappelons-nous comment nous les avons sauvées lors de la crise des subprimes de 2008. Notre marge de manœuvre et nos solutions actuelles sont plutôt faibles... mais existantes ! Encourageons-les en participant à ces mouvements d'épargne solidaire labellisés Finansol qui favorisent l'économie locale, responsable et qui participent à la Transition écologique. C'est bien aujourd'hui le seul levier efficace à notre disposition face au système bancaire français, monopole de quelques établissements.

« La prise de conscience est là. Faisons pression. Imaginons des banques locales et coopératives créées par des citoyens et capables de financer l'économie locale et nos projets de territoire. »

Nous pourrions aussi envisager notre futur financier à travers de vrais placements éthiques garantis au sein des grandes banques et non en se laissant berner par le greenwashing actuel. Ou tout simplement par la création de banques locales. **Le chantier est devant nous, la prise de conscience et la demande sont là. Faisons pression. Imaginons des banques locales et coopératives créées par des citoyens et capables de financer l'économie locale et nos projets de territoire. Comme la banque allemande GLS[28] ou la néerlandaise Triodos[29].**

Est-il impossible d'imaginer de telles banques ? Solidaires et indépendantes ? La réponse découle du droit évidemment et du verrouillage du système : il est très difficile de créer un établissement bancaire aujourd'hui en France. Qui plus est coopératif. En effet, les parts des sociétaires qui apportent des capitaux ne sont pas reconnues comme des fonds propres, car si tel était le cas, chaque sociétaire serait susceptible de les retirer quand bon lui semble. Tout l'enjeu est là. Seuls le Crédit Agricole, la Caisse d'Épargne, la Banque Populaire, le Crédit Mutuel, la Banque Française Mutualiste et la Nef sont reconnues comme banques coopératives. Qui, en fait, bien évidemment ne sont en rien coopératives : si les sociétaires avaient quelque chose à dire sur les placements décidés par les dirigeants de la banque ou leur propre rémunération mensuelle, ça se saurait ! L'avenir de la banque locale et solidaire reste donc à écrire...

28. *https://fr.wikipedia.org/wiki/GLS_Bank*
29. *https://www.triodos.fr/fr/a-propos-de-triodos-bank/qui-sommes-nous/*

-CHAPITRE 7-

MA TRANSITION DES TRANSPORTS

Mon deuxième impact

Le transport

	nombre de kilomètres parcourus pour une famille de 4 personnes par an *déplacements professionnels, trajets quotidiens, loisirs/vacances, famille*	émission CO_2 (kg éq. CO_2/an)
AVION 	51 200	10 000
1 long-courrier Paris-New York A/R 11 700 km	46 800	8 800
1 moyen-courrier Paris-Bordeaux A/R 1 100 km	4 400	1 200
 2 VOITURES *7 CV diesel + 4 CV essence*	37 420	11 260
BUS 	4 220	443
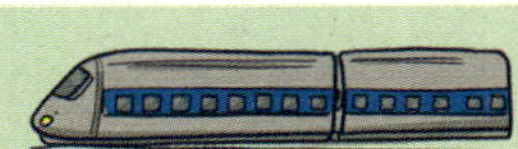 TRAIN	4 940	335
MOTO 	320	33
TOTAL :	**98 100 km**	**22 071 kg**

Pour info et comparaison :

	Nombre de kilomètres parcourus par les aliments pour une famille de 4 personnes/an	émission CO_2 (kg éq. CO_2)
TRANSPORT DES ALIMENTS 	8 528 600	372
 CARGO	4 422 000	26
CAMION *16-32 tonnes* 	12 600	2
 CAMION *>32 tonnes*	4 094 000	344

Valeurs : Commissariat général au développement durable, Planetoscope, Insee, Moto-Station.
Facteurs d'émission : ADEME - Base Carbone.

Sans surprise, **le transport arrive en 2e position de nos émissions en représentant 26 % de notre impact carbone.** Directement branchés sur l'exploitation d'énergies fossiles – extraction et transformation –, nos déplacements personnels et professionnels ont des conséquences environnementales majeures.

MES TRANSPORTS : MON DEUXIÈME IMPACT

On le voit, l'avion et la voiture sont des variables décisives dans notre bilan annuel. Un seul déplacement long-courrier en famille équivaut en termes d'impact sur l'environnement à quasiment l'ensemble des déplacements quotidiens avec nos deux voitures sur l'année. Et encore, nous n'avons compté que l'impact des GES issus de la combustion... alors que la prise en compte des facteurs complets (en particulier des émissions de vapeur d'eau en altitude) multiplierait par 2 le facteur d'émission ! On s'en doutait : l'avion est une cata pour le climat.

« L'avion est une cata pour le climat. »

L'ensemble de nos transports consommateurs d'énergies fossiles est source d'émissions atmosphériques à l'origine du changement climatique (le CO_2) et de pollution de l'air, donc de notre santé, par les dioxyde de souffre (SO_2), oxydes d'azote (NO_x), le monoxyde de carbone (CO), les hydrocarbures aromatiques polycycliques (HAP) et d'autres composés organiques volatils (COV), tels que des aldéhydes, des éléments minéraux inclus dans le combustible brut (arsenic, chrome, cadmium, mercure...) ou qui lui sont ajoutés pour la fabrication du carburant (plomb...)[1]. Cette pollution de l'air nous coûte chaque année 100 milliards d'euros en dépenses de santé, selon le rapport de la Commission d'enquête du Sénat paru en 2015[2].

1 : https://hal-ineris.archives-ouvertes.fr/ineris-00971900/document
2 : http://www.senat.fr/commission/enquete/cout_economique_et_financier_de_la_pollution_de_lair.html

LA VOITURE POLLUE L'AIR MAIS AUSSI L'EAU

Le transport a un impact majeur sur le changement climatique, non seulement à cause de ses émissions de gaz à effet de serre, mais aussi à cause de son empreinte hydrique ! Ben voui, qui l'eût cru ? Le raffinage du pétrole consomme d'énormes quantités d'eau. Chaque kilomètre parcouru en voiture nécessite 1,5 l d'eau ! Pour fabriquer 1 litre de diesel à partir du pétrole, il faut en effet 7 litres d'eau. Donc pour parcourir 37 420 km, avec nos voitures qui consomment en moyenne 7 l pour 100 km, il faut environ 2 620 l de diesel, soit 18 336 litres d'eau. Mais ce n'est pas tout, car la fabrication de la voiture elle-même nécessite des litres d'eau (certes amortis sur la durée de vie du véhicule), de même que l'industrie des infrastructures routières.

« Chaque kilomètre parcouru en voiture nécessite 1,5 l d'eau ! »

Finalement, le combustible ne représente que 30 % de l'empreinte hydrique d'une voiture au km, le reste venant de la fabrication du véhicule (environ 50 %) et de la construction des routes (environ 10 %). En conclusion, pour que notre famille parcoure 37 420 km annuels en voiture, ce sont 61 m^3 d'eau cachée que nous consommons ! À titre de comparaison, rappelons qu'un Français consomme en moyenne 50 m^3 d'eau du robinet chaque année.

Ajoutons à cette consommation massive d'eau, les rejets toxiques liés au raffinage du pétrole. L'industrie pétrolière est celle qui pollue le plus, devant les industries de la mode et du textile. Son impact sur l'environnement est énorme et concerne toutes les étapes de la production et de l'utilisation des combustibles fossiles. HAP et métaux lourds forment un cocktail nocif pour les écosystèmes et les populations humaines. **Réduire ses déplacements, c'est donc préserver l'air, mais aussi l'eau et la faune aquatique.**

Et que dire des pollutions liées à la production de pétrole par l'exploitation des sables bitumineux, si ce n'est son absurdité… « *Une technique terriblement nuisible et énergivore. Il s'agit là du summum de notre dépendance au pétrole. Il faut extraire 4 tonnes de sables bitumineux pour obtenir un fût de pétrole. C'est absurde. Mais certains sont vraiment prêts à tout.* »[3]

Enfin, nous n'insisterons pas non plus sur l'impact de l'exploitation des énergies fossiles sur les êtres humains vivant dans les pays producteurs. La géopolitique du pétrole a dessiné notre monde actuel et scellé le destin de millions de personnes depuis un siècle et demi. En Syrie actuellement, au Proche-Orient, en Afrique, plus précisément au Nigeria, en Angola, et au Congo, en Algérie et en Libye, au Venezuela, le prix humain payé pour l'exploitation de cette ressource est gigantesque et inacceptable (conflits, guerres, tissu économique local affaibli, misère...). Les mots de Thomas Friedman, journaliste au *New York Times*, résument bien la situation : « *Dans les États riches en pétrole, les libertés varient toujours en sens inverse du prix du baril de brut.* »[4]

3 : Greenpeace, Campagne Climat et Énergie : http://www.greenpeace.org/belgium/fr/nos-campagnes/climat-energie/defis/petrole/
4 : Pour une nouvelle Géopolitique du pétrole en carte: http://www.ecolesecondaire.be/?tag=geopolitique

LES ACTIONS...

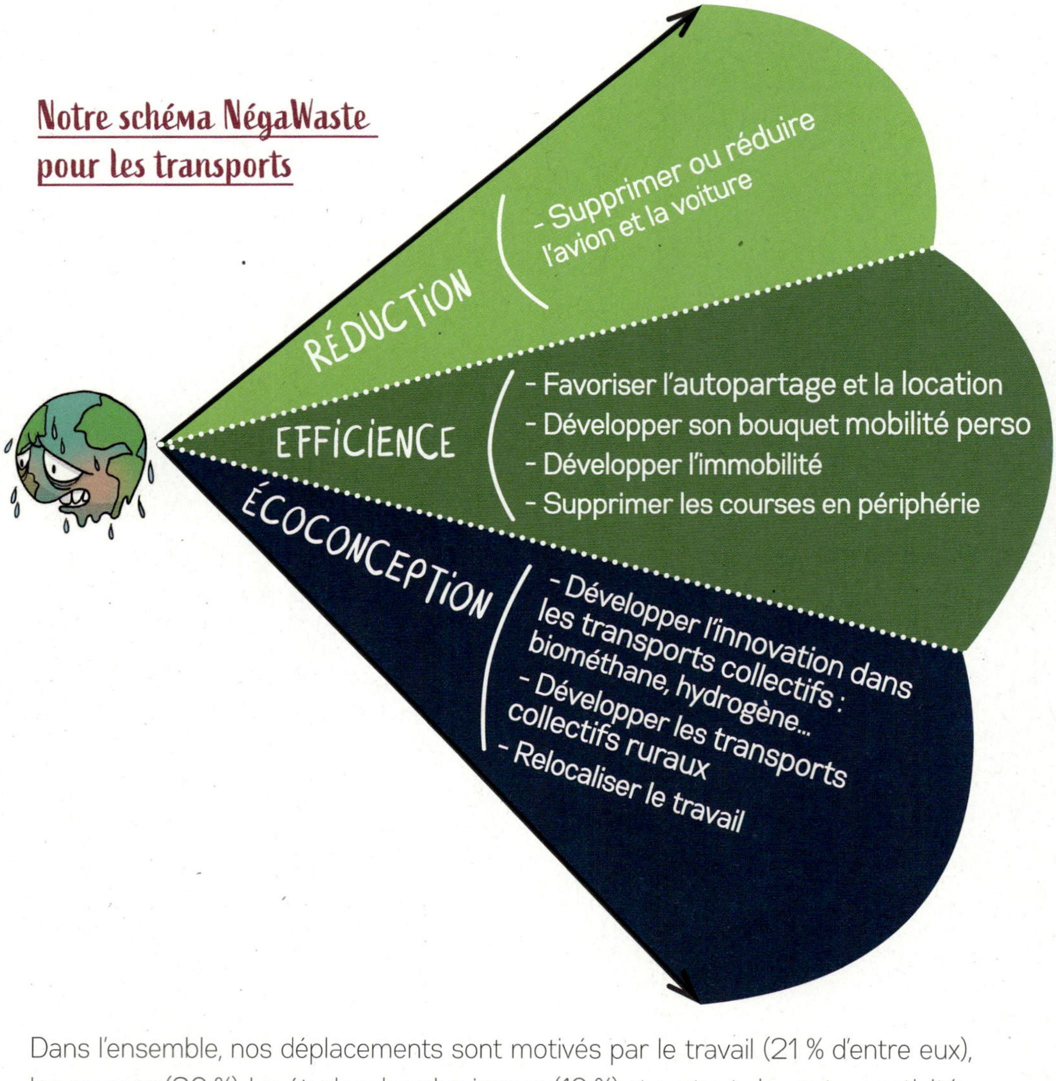

Dans l'ensemble, nos déplacements sont motivés par le travail (21 % d'entre eux), les courses (20 %), les études des plus jeunes (10 %) et surtout... les autres activités (38 %) ! Ces autres activités représentent les loisirs, les vacances, les soins, les démarches administratives, les visites aux amis et à la famille[5]. **On pense souvent que le trajet domicile-travail est le principal de nos déplacements, mais ce n'est pas le cas. Il va donc falloir agir sur notre quotidien.**

5 : https://www.insee.fr/fr/statistiques/1281086

Action 1 : Réduire au maximum l'avion

Incroyable ! 39 euros le trajet Bordeaux-Paris en avion ! C'est deux fois moins cher que la voiture[6] et surtout quatre fois moins cher que le train[7], qui pourtant émet dix fois moins de carbone[8]. Mais dans quelle société vit-on ? Celle de la COP21 ? Pendant que l'État continue de subventionner le kérosène par exonération fiscale – ce qui nous coûte 800 millions d'euros par an –, de baisser la TVA sur les billets d'avion et de financer les aéroports (500 millions d'euros pour 8 ans)[9], il démantèle petit à petit le réseau ferroviaire, supprimant les petites lignes et privatisant par morceaux le chemin de fer, dans des logiques de rentabilité. On a vu mieux pour lutter contre le changement climatique et l'accès pour tous aux transports.

> « Nous ne payons pas le véritable prix environnemental et social de l'avion. »

Autrefois réservé à une élite bourgeoise et d'affaires, l'avion est donc devenu moins cher et plus rapide. Il est devenu plus facile à prendre que le train et même que la voiture. Ce secteur est responsable de 3 % des émissions de CO_2 planétaire (6 % si l'on comptait les émissions de vapeur d'eau en altitude !) et le trafic aérien va tripler d'ici 2050. Comme beaucoup de secteurs, **le luxe d'hier est devenu la norme d'aujourd'hui. On pourrait se réjouir d'une telle démocratisation, mais nous ne payons pas le véritable prix, environnemental et social, de ce luxe occidental. Pire, le prix est payé par les populations du Sud qui n'y ont pas accès et qui fournissent les ressources naturelles nécessaires.** La géopolitique des énergies fossiles cause des inégalités et des souffrances sociales majeures à travers le monde, perpétuant les longs siècles de logiques coloniales.

Et moi dans tout ça ? Prendre l'avion pour une réunion à 200 bornes, multiplier les séjours d'une semaine ou d'un week-end à l'autre bout de la planète... Est-ce bien responsable ? Est-ce même indispensable ? C'est 0,3 tonne de CO_2 pour un Paris-Bordeaux. Et surtout 2,2 tonnes de CO_2 pour un long-courrier Paris-New York. Rapporté à la famille, c'est donc 8,8 tonnes de CO_2 émises pour un voyage de vacances de quelques jours, ce qui équivaut quasiment aux émissions carbone de l'année pour l'alimentation en agriculture conventionnelle de la même famille !

6 : https://fr.mappy.com
7 : https://www.oui.sncf
8 : https://www.consoglobe.com/les-14-modes-de-transport-les-moins-polluants-cg
9 : https://reporterre.net/Le-transport-aerien-est-un-ennemi-subventionne-du-climat

• **RÉDUIRE AU MAXIMUM L'AVION** pour qu'il devienne une magnifique exception et non une mauvaise habitude. Pour nos escapades, le train, le bateau, le covoiturage, le vélo peuvent aussi offrir une autre perspective du voyage, un autre rapport au temps et à l'espace. L'idée n'est pas de stigmatiser le touriste comme étant la cause de tous les maux[10], ni de se priver du voyage de nos rêves, mais bien de réduire la part de l'avion. Pour se donner une idée, à 7 milliards d'individus, nous avons droit à 2,1 tonnes d'émissions de CO_2 par an et par tête (voir conclusion du livre, page 211) pour vivre sans réchauffer la planète. L'aller-retour Paris-New York c'est 2,2 tonnes de CO_2. Un seul vol long-courrier tous les deux-trois ans, c'est déjà énorme... C'est vrai, quel bonheur et quelle ouverture culturelle de pouvoir rendre visite à nos amis des pays voisins ! Mais, encore une fois, **responsabilisons-nous, réinterrogeons nos besoins et nos pratiques. Moins, mais mieux.**

10 : Jean-Didier Urbain in https://www.scienceshumaines.com/pourquoi-voyageons-nous_fr_29142.html

• **PRIVILÉGIER LE TRAIN AUTANT QUE POSSIBLE.** Espérons que la tendance nationale s'inverse enfin vers un soutien au chemin de fer, son développement et son attractivité. Quatre fois plus cher que l'avion sur un trajet comme Paris-Bordeaux, **on marche à rebrousse-poil de notre histoire écologique, des engagements de la COP21 et des plans climat.** Les choix du gouvernement actuel se portent sur le démembrement de la SNCF et la privatisation des secteurs les plus rentables comme le TGV, ainsi que l'abandon d'une grande partie des petites lignes et la baisse des fréquences, augmentant par la même occasion les inégalités sociales. En effet une voiture coûte cher, environ 6 063 euros par an pour une petite Clio essence et 8 639 km parcourus[11] ! Rendant difficile l'accès à l'emploi pour nombre de personnes en précarité, notamment les jeunes. Un emploi sur 4 est refusé pour manque d'accès à la mobilité aujourd'hui en France[12].

action 2 : Réduire les transports en voiture

• **FAVORISER L'AUTOPARTAGE.** Ça semble évident mais rappelons-le : un covoiturage de deux personnes réduit les émissions par deux. Quatre personnes dans la voiture ? Par quatre. La première solution est donc bien de partager, car quelle alternative permet de diviser par deux ou quatre nos émissions carbone aussi facilement ? Comme toujours on y revient : vivre ensemble, partager... La mutualisation est bien une solution majeure de réduction de nos émissions. Penser collectif et pas seulement penser à soi. Hummm... pas super à la mode en 2018 où on préfère penser que le transport de demain sera électrique et individuel... Merci la croissance « verte » ! Nous l'avons vu (voir chapitre 3), développer l'électrique et les autres types de motorisation (hydrogène, biométhane) sera adapté pour des voitures partagées et des transports collectifs, pas pour une voiture individuelle. La transition des transports se situe d'abord là, dans un changement d'approche de la mobilité perso, en se la jouant moins perso justement. Pas bon pour le business cette affaire !

> « La mutualisation est une solution de réduction de nos émissions. »

11 : https://www.automobile-club.org/actualites/la-vie-de-l-aca/budget-aca-de-l-automobiliste-mars-2018
12 : https://lentreprise.lexpress.fr/rh-management/un-francais-sur-quatre-a-deja-refuse-un-emploi-faute-de-moyen-de-transport_1870072.html

• DIVERSIFIER NOS MODES DE DÉPLACEMENT **pour réduire la part de la voiture**[13]. À l'instar du bouquet sur la question de l'énergie, **un bouquet « mobilité perso »** permet de réduire l'usage de la voiture et son impact : vélo, marche, bus… chaque trajet ne nécessite pas forcément la voiture. **Surtout quand on sait qu'un trajet sur 8 en voiture fait moins de 500 m**[14] **! Et 36 % des trajets en voiture font moins d'1 km !** Allez, en cogitant bien, les occasions sont nombreuses : chercher le pain, déposer les enfants à l'école, passer à la poste… Chérie, t'as vu mes rollers ?

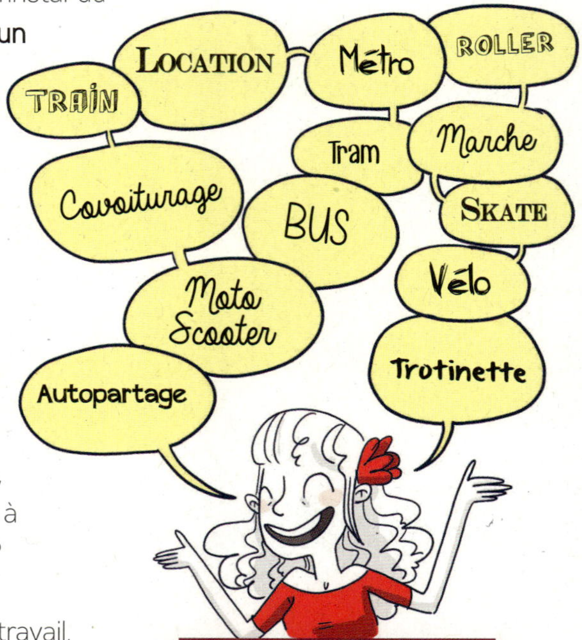

mon bouquet mobilité

• DÉVELOPPER L'IMMOBILITÉ. Télétravail, livraison, tiers-lieux près de chez moi pour du coworking ou du bricolage… Se passer de la voiture, c'est aussi se passer du besoin de se déplacer ! Le numérique renverse certaines habitudes de mobilité et permet de repenser les transports quotidiens liés au travail notamment.

• SUPPRIMER LA VOITURE ! Rat des villes ou rat des champs ? Voilà la question clé. Ne pas avoir de voiture est évidemment une excellente solution. Et pas si radicale, car de plus en plus de gens n'ont pas de voiture, pour des raisons financières, par choix écologique ou tout simplement parce qu'ils n'en ont pas besoin. Si La Fontaine, qui aimait tant la campagne, avait travaillé à la réduction de ses émissions carbone, il aurait peut-être choisi la ville… Il est aujourd'hui beaucoup plus simple de se passer de voiture en milieu urbain que dans nos rases campagnes françaises.

> « Un bouquet mobilité perso permet de réduire l'usage de la voiture : vélo, marche, bus…»

13 : Alléger l'empreinte environnementale de la consommation des Français en 2030. Rapport ADEME 2014 https://www.ademe.fr/alleger-lempreinte-environnementale-consommation-francais-2030-synthese
14 : https://www.fne.asso.fr/actualites/voiture-un-trajet-sur-8-fait-moins-de-500-mètres---refaisons-le-climat

RAT DES VILLES

L'idéal en ville serait de se passer de voiture. Bonjour les économies, bonjour la qualité de l'air et bonjour le bonheur des rues rendues aux piétons et aux terrasses ! **De plus en plus de citadins choisissent cette option et louent une voiture en fonction de leurs besoins** : pour le week-end, les vacances, les courses. Il existe aussi de plus en plus de stations d'autopartage en ville, des sites de location entre particuliers comme Ouicar ou des agences de location professionnelles. Quand on sait qu'une voiture reste 95 % de son temps à l'arrêt, la location permet une optimisation du temps d'utilisation et surtout la libération d'un espace urbain plutôt saturé. L'enquête nationale sur l'autopartage mise à jour en 2016 révèle que chaque voiture d'autopartage remplace 10 voitures particulières et libère 9 places de stationnement.

« Louer une voiture en fonction de ses besoins... »

On peut aussi acheter une voiture à plusieurs familles. Un bon calendrier partagé et hop, c'est parti ! Les assurances ont d'ailleurs développé des contrats partagés en ce sens.

En ville, le bouquet mobilité est riche : les alternatives à la voiture sont nombreuses et variées. Les transports en commun sont développés et attractifs en termes de fréquences et de tarifs : le tramway, le bus, le métro, le train.

Enfin les deux-roues électriques, le vélo, les trottinettes et engins à roues peuvent être une solution quotidienne. Le vélo électrique permet d'allonger les trajets, réduire les kilomètres en voiture et diminuer l'engorgement des routes notamment aux heures de pointe, matin et soir, lors des déplacements domicile-travail. « Et votre corps vous dit merci... »

Alors on peut essayer de se passer de la voiture en campagne, mais faut être très très courageux ou alors un grand sportif ! Clairement, **la dispersion des habitats et des activités ne permet pas aux habitants des campagnes françaises de faire leur transition des transports aujourd'hui. Et cela concerne 52 % des Français.** Travail, courses, loisirs, les distances sont parfois grandes et la distance moyenne parcourue quotidiennement est élevée. Cette distance a même augmenté de 12 % entre 1994 et 2008. Du coup, 74 % des déplacements sont effectués en voiture contre seulement 5 % en transports en commun[15].

> « En campagne, 74 % des déplacements sont effectués en voiture, et seulement 5 % en transports en commun. »

Il est donc plutôt difficile d'appliquer le bouquet mobilité en campagne, mis à part l'immobilité et l'autopartage, mais en tout cas pas par le biais des transports collectifs.

Mais quelles peuvent être les solutions ?

15 : *https://www.insee.fr/fr/statistiques/1281086*

I have a dream ! Et si nous imaginions d'autres solutions pour l'avenir ?

• **DÉVELOPPER LES TRANSPORTS COLLECTIFS RURAUX.** Ils ne représentent que 5 % des déplacements à la campagne ! Le désengagement des gouvernements successifs des petites lignes de train et la privatisation n'ont pas aidé. **Nous l'avons compris, la voiture électrique individuelle ne sera pas LA solution écologique rêvée de demain. Notre avenir devra se dessiner collectivement.** Les solutions actuelles existantes permettent aux collégiens de se déplacer matin et soir, mais pas aux familles de vivre leur quotidien de travail, de courses ou d'activités diverses.

Comment font les pays où la voiture individuelle n'est pas la règle ? Regardons l'Afrique et leurs fameux tro-tro ou touc-touc ; regardons l'Amérique latine et leurs colectivos. Imaginons des véhicules 10 places ou 30 places parcourant nos campagnes : 10 places pour aller au travail, 30 places pour les familles. Une fréquence suffisante pour éviter les attentes interminables aux arrêts ruraux, une remorque à vélo à l'arrière pour se déplacer et rayonner en arrivant, de bons sièges, une musique sympa « branche ton iPod Émilie ! », un chauffeur aimable (si si), et enfin un carburant hydrogène ou biométhane issu des activités rurales. Manquerait plus qu'on apporte les produits du terroir et bonjour l'ambiance dans le bus, « Passe-moi le tire-bouchon, Jean-Mi ! ».

• **RELOCALISER LE TRAVAIL.** On voit bien à ce niveau-là, comment **la relocalisation des activités économiques serait aussi un formidable levier pour la réduction des émissions carbone liées aux transports.** Raccourcir les distances permettrait de développer ce fameux bouquet mobilité en campagne. Faire notre transition écologique vers des emplois locaux dans des PME, des coopératives et une autonomie locale permettrait, de fait, de réduire notre dépendance au pétrole et les transports quotidiens trop longs[16]. La multiplication de tiers-lieux en milieux ruraux permettrait une mutualisation des transports vers un même point, un raccourcissement des trajets et un développement du bouquet mobilité.

Mais, politiquement, nous continuons d'aller à reculons. Moins de bureaux de poste, moins de lignes de train, une concentration du travail en milieu urbain, une concentration des commerces dans des centres commerciaux de périphérie, etc. Le choix de la privatisation actuelle des services publics, sur l'autel de la dette publique, au profit des grands groupes, va donc bien à contre-courant de la transition écologique et de la réduction de notre impact.

Action 3 : changer son alimentation... ah bon ?

Mais oui, le transport et l'alimentation sont intimement liés ! Il faut bien faire les courses et il faut bien que les magasins s'approvisionnent.

• **LE TRANSPORT POUR FAIRE NOS COURSES** représente 21 % de l'ensemble de nos déplacements, soit autant que... pour aller bosser[17] !

On voit bien comment, encore une fois, la grande distribution crée un système à l'encontre de nos intérêts écologiques. En plus de générer des pertes d'emploi, d'autonomie, une baisse de la qualité nutritionnelle et une dégradation de la santé publique, elle engendre une dévitalisation des centres-villes au détriment des commerces de proximité et augmente considérablement le recours à la voiture ! C'est d'ailleurs pourquoi le réseau des ONG pour le climat (Réseau Action Climat) en fait une mesure phare de son projet de

> « Le transport pour faire nos courses représente 21 % de nos déplacements. »

16 : *Raphaël Souchier in Made in local, Chapitre 6 « énergie locale : un nouveau type d'indépendance ». Eyrolles, 2013*
17 : *https://www.insee.fr/fr/statistiques/1281086*

loi sur les transports et demande « **un moratoire immédiat sur les constructions et extensions de surfaces commerciales en périphérie**. »[18]

• **LE TRANSPORT CACHÉ DE NOS MARCHANDISES.** Même si le transport des personnes reste, selon notre étude, 20 fois supérieur en émissions carbone au transport des marchandises alimentaires, nous avons un levier important pour le réduire. Ainsi, selon les résultats de notre étude, l'impact carbone d'une famille française moyenne est quatre fois plus important que celui de la famille Zéro Déchet qui consomme bio, local et de saison. Le développement de l'autosuffisance alimentaire des territoires et des circuits courts permet donc clairement de réduire les émissions carbone cachées liées à notre alimentation ! En supprimant les achats d'aliments industriels produits dans des contrées lointaines, je réduis donc mes émissions liées au transport.

18 : https://reseauactionclimat.org/wp-content/uploads/2018/05/projet-de-loi-transports-ong.pdf

-CHAPITRE 8-

MA TRANSITION DU LOGEMENT

Le secteur du BTP est l'un des secteurs qui a le plus fort impact environnemental. Il est responsable de 6 % des émissions de CO_2 dans le monde. En France, il représente notre troisième source personnelle d'émissions carbone, après la banque et les transports. **Le bâtiment est donc un secteur clé de la lutte contre le changement climatique et l'épuisement des ressources, notamment fossiles. Il devrait donc logiquement être à la pointe de l'innovation et de la Transition.**

Citons l'ADEME : « *Les modes constructifs ont très peu évolué (la filière humide traditionnelle, fondée sur le béton et le ciment, reste largement majoritaire en France) et les équipements électroménagers courants et systèmes de chauffage installés, bien que se diversifiant et gagnant en performance, n'ont connu aucune rupture technologique majeure. Les révolutions numériques, organisationnelles ou matérielles qui ont bouleversé la totalité de l'industrie des biens de consommation peinent à atteindre ce secteur* ». Et de poursuivre : « *Les performances énergétiques et environnementales des logements n'ont subi que des évolutions incrémentales sur ces quarante dernières années* »[1].

En résumé, toute la société évolue mais les logiques de construction restent à la traîne. Avant, nous construisions nos maisons avec les pierres et les terres locales. Aujourd'hui, nos constructions sont devenues indépendantes des contingences locales et les entreprises suivent des logiques de concentration-optimisation des moyens, encouragées par un pétrole et des transports à bas prix. La construction des bâtiments anciens était basée sur le circuit court. Dans les Trente Glorieuses, on pensait chauffage, aujourd'hui on pense isolation. Alors, qu'en 1945, il fallait reconstruire la France, on peut le comprendre.
Qu'en 1970, notre logique de construction ait été conçue et déployée dans une période d'énergie abondante et peu chère, nous pouvons le comprendre. Mais en 2019, à l'heure du changement

1. https://www.ademe.fr/alleger-lempreinte-environnementale-consommation-francais-2030-synthese

climatique, du chômage de masse et de la raréfaction des ressources, ce n'est plus concevable. Le secteur du bâtiment n'a pas échappé aux logiques de la mondialisation et du pétrole bon marché. Toujours la mainmise des grands groupes. Toujours la même logique de concentration des richesses, de profit et de marges toujours plus grandes pour les actionnaires. Tout comme les domaines de la banque et de l'alimentation, celui de la construction en France fait l'objet d'un véritable trust, un monopole de multinationales. Citons les principales : Saint-Gobain (chiffre d'affaires : 45 milliards d'euros), Vinci (43,5 milliards d'euros), Bouygues (32,4 milliards d'euros) classées respectivement au 4e, au 5e et au 7e rang mondial[2]. Ou encore Eiffage (14 milliards d'euros) et les cimentiers comme Vicat (2,4 milliards d'euros). Ce sont donc toujours les mêmes logiques industrielles à l'œuvre, mais à la sauce bâtiment – matériaux bas de gamme à bas prix, main d'œuvre réduite à son minimum nécessaire et délocalisations-importations –, contribuant ainsi au changement climatique : 42 % des émissions carbone du secteur du BTP en France sont dues aux importations[3]. Générant ici chômage et bas salaire. Et enfin nous amenant à l'épuisement rapide et irréversible de certaines ressources, notamment le sable, les énergies fossiles et les minerais[4]. Toute la puissance du lobby de ces entreprises est à l'œuvre, ainsi que le verrouillage de notre système politique par le haut, ces entreprises représentant un des groupes de pression les plus actifs à l'Assemblée nationale[5]. Le BTP est le premier financier de la vie politique, et ce sont les donneurs d'ordre publics qui assurent 70 % du carnet de commandes du secteur[6]. CQFD. Le plus rageant, comme toujours, est que nous connaissons les solutions. Elles sont à l'œuvre depuis 20 ans chez des pionniers[7] et se développent, mais bien trop lentement au regard des enjeux. Nous savons très bien construire

> **« Toujours la mainmise des grands groupes. Toujours la même logique de concentration des richesses, et de profit pour les actionnaires. »**

2. https://fr.wikipedia.org/wiki/Classement_mondial_des_entreprises_leader_par_secteur#Bâtiment,_construction_et_travaux_publics
3. ADEME, www.statistiques.developpement-durable.gouv.fr/sites/default/files/2018-10/LPS%20114%20Empreinte_carbone_1990-2007.pdf
4. https://www.colibris-lemouvement.org/magazine/monde-batiment-resiste-encore-a-lecologie
5. https://lexpansion.lexpress.fr/actualite-economique/les-lobbies-qui-tiennent-la-france_1409758.html
6. https://www.lesechos.fr/16/06/1994/LesEchos/16667-012-ECH_btp-premier-financier-de-la-vie-politique.htm
7. Manifeste pour une frugalité heureuse : architecture et aménagement des territoires urbains et ruraux : https://www.frugalite.org/fr/le-manifeste.html

des bâtiments sobres, écoconçus et avec des matériaux locaux. Et, contrairement à l'idée trop répandue, aussi bien des maisons individuelles que des bâtiments collectifs[8] ou des immeubles[9] ! Résistance politique au changement, formation en écoconstruction trop peu développée, modèle économique industriel fondé sur la construction bas de gamme. Le secteur du bâtiment est resté au xxe siècle, les deux pieds dans le béton. Tout comme la banque ou l'alimentation, nous devons reprendre le contrôle du secteur de la construction en passant encore une fois par le local et le collectif.

« Le secteur du bâtiment est resté au xxe siècle, les deux pieds dans le béton. »

Mon troisième impact

Le logement	Émission CO_2 (kg éq. CO_2)	Part des émissions sur le total lié au logement (%)
Construction du logement en béton (amortissement sur 60 ans)	4 900	40
Consommation de combustibles pour le chauffage (tous types de combustibles)	3 600	30
Fabrication du combustible	1 200	10
Production et approvisionnement en électricité, eau et gaz	2 400	20
TOTAL :	12 000	100

Sources :
Valeurs : www.statistiques.developpement-durable.gouv.fr/sites/default/files/2018-10/LPS%20114%20Empreinte_carbone_1990-2007.pdf
Facteurs d'émission : ADEME Base Carbone

8. L'école des Boutours à Rosny-sous-Bois : https://www.batirama.com/article/15750-les-boutours-un-cas-d-ecole-de-construction-bois-paille-a-rosny-sous-bois.html
9. Un HLM écologique de huit étages dans les Vosges : https://www.batiactu.com/edito/un-hlm-ecologique-de-huit-etages-dans-les-vosges-37070.php

DES MATÉRIAUX DE CONSTRUCTION ÉNERGIVORES

Avec 12 tonnes en moyenne d'équivalent CO_2 par an, notre logement est notre troisième source familiale d'émissions de gaz à effet de serre. En cause, la construction et le chauffage. On estime les émissions à 4,8 tonnes d'équivalent CO_2 en moyenne, amortis sur 60 ans, pour la construction d'un logement conventionnel en béton en France. Cela représente 40 % des émissions totales imputées au logement, soit autant que le chauffage. Ce qui signifie que l'énergie nécessaire à la fabrication (c'est-à-dire l'énergie dite « grise ») équivaut à 60 ans de sa consommation de chauffage en énergie fossile de type fioul !

En cause, les matériaux utilisés et les logiques économiques délocalisées, qui sont de grands consommateurs d'énergie. Conception, extraction et transport des matières premières, transformation des matières et fabrication du produit, commercialisation, usage et mise en œuvre, recyclage éventuel, **la somme des énergies nécessaires pour construire une maison industrielle en béton armé va à l'encontre de la lutte contre le changement climatique.** Certains matériaux nécessitent des transports sur de longues distances, des procédés de fabrication à des températures très élevées ou des infrastructures industrielles énergivores. Comparons les matériaux entre eux. Une charpente métal demande énormément d'énergie : l'acier nécessite jusqu'à 300 fois plus d'énergie pour sa fabrication que le bois. Un enduit intérieur à l'argile nécessite 30 fois moins d'énergie pour sa fabrication qu'un enduit en plâtre. Un isolant en chanvre nécessite 8 fois moins d'énergie que la laine de verre. Les matériaux locaux peu ou non transformés ont un net avantage sur les autres : la terre, l'argile, le chanvre, la paille, le bois, la laine de mouton ou de cellulose sont des matériaux de construction qui peuvent à la fois répondre aux exigences modernes de la construction et qui ont une énergie grise très faible[10]. Alors, aux personnes qui pensent que construire ou rénover en paille et en bois est d'un autre temps je dis oui, c'est le temps du Progrès, le temps de notre avenir ! Béton, laine de verre, acier ne sont plus des choix cohérents au XXIe siècle.

> « La somme des énergies nécessaires pour construire une maison industrielle en béton armé va à l'encontre de la lutte contre le changement climatique. »

10. http://www.ecoconso.be/fr/L-energie-grise-des-materiaux-de

D'un point de vue énergétique, mais aussi économique. Combien d'emplois peuvent être créés par le développement des filières de construction locales ? Combien de richesses peuvent être créées sur les territoires et au profit de l'économie réelle ? La Transition appliquée au bâtiment est désormais une urgence environnementale, économique et sociale.

NOTRE EMPREINTE EN EAU N'EST PAS DANS LA DOUCHE

La part du logement dans notre empreinte en eau prélevée annuelle est de plus de 48 %. Ce résultat important n'est pas dû à notre robinet qui goutte ou notre douche quotidienne... mais à l'électricité d'origine nucléaire consommée dans le foyer ! Les trois quarts de cette eau résultent indirectement de l'eau utilisée pour la production d'énergie, principalement le refroidissement des centrales nucléaires[11]. Faire le choix d'un chauffage électrique nucléaire est donc très impactant aussi pour la ressource en eau.

Enfin, le logement contribue directement à la pollution du cycle de l'eau par nos rejets domestiques : *« En France, l'industrie est responsable d'environ la moitié des rejets de polluants organiques, l'autre partie étant d'origine domestique »*[12]. Nos stations d'épuration traitent ces rejets organiques relativement correctement. En revanche, le traitement de nos rejets chimiques issus des solvants, détergents, produits phytosanitaires, produits de bricolage, médicaments et autres substances cosmétiques est bien plus compliqué. Ajoutons à cela les polluants issus d'engrais et herbicides utilisés si on a la chance d'avoir un jardin. Nos comportements de consommation liés à notre logement ont donc un impact important sur les eaux souterraines et de surface[13].

11. www.statistiques.developpement-durable.gouv.fr/sites/default/files/2018-10/reperes-conso-menages-v2.pdf
12. Rapport Repères. L'eau et les milieux aquatiques Chiffres clés. Edition 2016. Onema et Commissariat général au développement durable (www.statistiques.developpement-durable.gouv.fr/sites/default/files/2018-10/reperes-2016-eau-milieux-aquatiques-b.pdf)
13. http://www.centre-antipoison-environnemental.com/boues-station-epuration.html

LE MIRACLE DE L'ÉCONOMIE CIRCULAIRE AURA-T-IL LIEU ?

En plus d'être particulièrement gourmand en énergie et eau du fait de la fabrication des matériaux de construction, le secteur du BTP nécessite une très grande consommation de ressources et donc produit une grande quantité de déchets. Le BTP est le principal producteur de déchets en France avec 260 millions de tonnes chaque année, soit 80 % de nos déchets cachés par personne par an ! Une filière locale et écologique de construction, ancrée dans le territoire et adaptée aux ressources locales, permettrait de limiter la catastrophe. Bien évidemment les solutions proposées sont celles de la croissance verte : le recyclage, il fallait s'en douter. Et la filière verte se targue de 60 % des déchets de construction récupérés ou recyclés. Éléments de langage : 50 % de ces déchets sont en fait simplement valorisés sous forme de remblais ! C'est-à-dire des matériaux enterrés – cadeaux pour les générations futures ! –, et qui ont pour effet induit de précipiter un peu plus l'étalement urbain et l'artificialisation des espaces. **Le secteur ne se transforme pas, il continue de plus belle, à la sauce « REP », Responsabilité Élargie des Producteurs (toujours pas effective à ce jour dans le secteur) et cultive l'illusion du circulaire.** Pas l'ombre d'une véritable Transition écologique ou économique en vue. Les entrepreneurs sont incités à « *penser écoconception dans une démarche préventive consistant à intégrer l'impact sur l'environnement* » et « *faire le tri sur les chantiers* »[14]. C'est surtout que la reprise des déchets de chantiers, inscrite dans la loi relative à la Transition énergétique pour la croissance verte, est non contraignante et dépend du bon vouloir des distributeurs de matériaux. En attendant, on devrait s'estimer heureux, le secteur nous rabâche qu'il crée de l'emploi et de l'électricité en brûlant les plastiques issus des chantiers. Quand le bâtiment va, tout va !

« Le BTP est le principal producteur de déchets en France avec 260 millions de tonnes chaque année, soit 80 % de nos déchets cachés par personne par an ! »

14. *http://www.dechets.fr/construction.html*

Notre schéma NégaWaste pour le logement

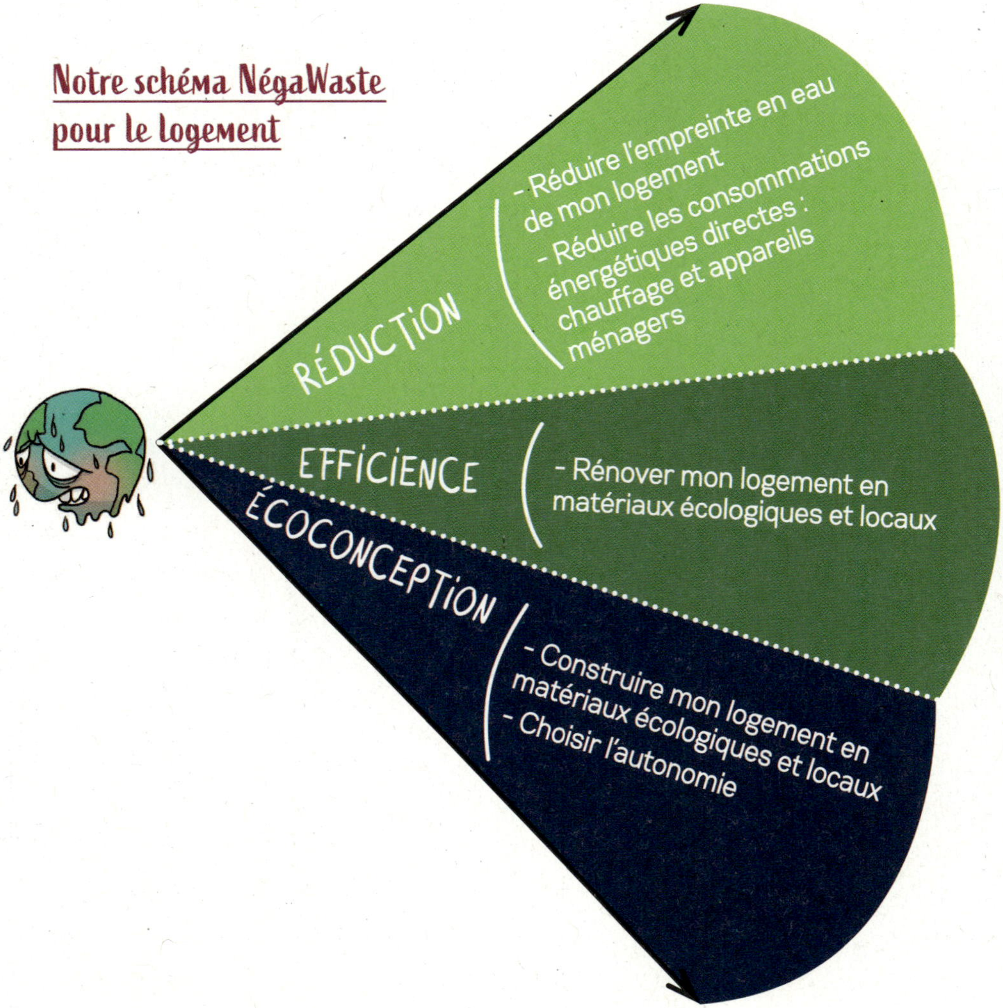

Nous l'avons saisi, le secteur ne se peindra pas en vert. Le béton à la sauce RSE[15] restera le béton. Pour lutter contre le changement climatique et la concentration économique, il va falloir se tourner vers de nouvelles pratiques de construction[16]. Encore une fois le local, le partagé, le coopératif, sont les solutions de Transition adaptées à la situation climatique. L'État devant jouer le rôle d'incitateur, régulateur

15. *Responsabilité Sociétale d'Entreprise, qui est une démarche de contribution des entreprises au développement durable*
16. *https://mrmondialisation.org/manifeste-pour-construire-sans-les-multinationales/*

et programmateur de la transformation profonde de nos modes de construction-rénovation. Rappelons que le chiffre d'affaires du secteur de la construction est de 673 milliards d'euros en 2017 et que 70 % de ce montant est imputable à l'État par le biais des commandes publiques et 20 % à la construction individuelle. Le levier financier est gigantesque, nous pourrions imaginer un plan Marshall de la construction et une mutation du secteur profonde et efficace. À quand des appels d'offres favorisant les PME locales et écologiques ? Nous disposons aujourd'hui en France de tous les matériaux dont nous avons besoin sur les territoires, par conséquent à proximité des chantiers (donc nécessitant très peu de transport), ainsi que des savoir-faire. Ce changement de modèle, par usage raisonné du bois et de la terre, et par une gestion locale de ces ressources permettrait :

« Le local, le partagé, le coopératif, sont les solutions de Transition adaptées à la situation climatique. »

- de réduire les émissions carbone du secteur et largement dépasser le facteur 4 ! **Construire en matériaux écologiques permettrait de « *diminuer par 10 le bilan carbone de la construction* »** selon l'association LESA[17].
- **de créer de l'emploi local non délocalisable sur les territoires.**

17. *Manuel éthique et pratique pour construire sans les multinationales. http://asso-lesa.com/b-btp-bois-terre-paille/*

action 1 : construire ou rénover mon logement en matériaux écologiques et locaux

• CONSTRUIRE LOCAL

Construire en matériaux locaux permet de réduire l'énergie grise, l'empreinte en eau et l'empreinte ressources de notre logement. Remplacer le béton par le bois n'est pas une lubie d'écolo ! C'est remplacer un matériau à fort impact énergétique, eau et ressources par un matériau qui stocke du carbone. C'est de plus permettre la Transition économique car cela permet de relocaliser les emplois liés au secteur, et de favoriser une filière locale vertueuse pour notre économie locale. La filière bois construction génère le développement en cascade des autres filières bois : panneaux, papier et bois énergie. Pour atteindre le facteur 5 – cet objectif indispensable de réduction de nos émissions carbone par 5 pour limiter à 2 °C le réchauffement à la fin du siècle, nous devrions atteindre au minimum un doublement des constructions de maisons individuelles en bois mais aussi collectives d'ici 2030 selon l'ADEME[18] !

> « Remplacer le béton par le bois n'est pas une lubie d'écolo ! C'est remplacer un matériau à fort impact énergétique, eau et ressources par un matériau qui stocke du carbone. »

• RÉNOVER EN ISOLANT CORRECTEMENT

Pour réduire les émissions carbone de notre logement, nous devons améliorer son efficacité thermique. Le chauffage représente en effet une émission en moyenne de 4,8 tonnes éq. CO_2 par famille à l'année en France. Soit autant que le coût énergétique de la fabrication du logement, amorti sur 60 ans. Isoler les bâtiments est donc une priorité dans la lutte contre le changement climatique ! Bien avant de penser au mode de chauffage, un logement performant, c'est avant tout un logement qui nécessite peu de chauffage : un stère de bois ou 15 euros par an ne pèsent que très peu dans notre empreinte annuelle. Et quel confort de vie au

18. ADEME. *Alléger l'empreinte environnementale des Français d'ici 2030. Rapport, 2014. https://www.ademe.fr/alleger-lempreinte-environnementale-consommation-francais-2030-synthese*

quotidien ! D'autres que nous en sont loin. La précarité énergétique est le quotidien de millions de foyers en situation difficile. Toujours selon l'ADEME, ce sont plus de 500 000 rénovations performantes par an qu'il faudrait assurer pour atteindre le facteur 4. Rappelons que 7,4 millions de logements sont considérés comme des « passoires énergétiques », dont 2,6 millions occupés par des ménages « modestes ». On voit bien que l'État a un rôle indispensable à jouer, car rénover son logement à un coût important que tout le monde ne peut assumer. L'époque des radiateurs « grille-pain » branchés sur l'énergie nucléaire et du fioul bon marché est dépassée. L'accompagnement des Français dans la rénovation de leur logement doit être efficace et s'inscrire dans la PPE (Programmation Pluriannuelle de l'Énergie[19]). Cette dernière étant jugée insuffisante par l'association CLER-réseau pour la Transition énergétique dans ses « Propositions pour une Transition énergétique et solidaire »[20]. Selon l'association, l'objectif inscrit dans la loi relative à la Transition énergétique de rénover 7 millions de passoires énergétiques d'ici 2025 ne pourra être atteint. Et *« près de 9 ménages sur 10 ayant réalisé des travaux n'ont pas bénéficié d'accompagnement et de conseils personnalisés, conduisant ainsi à des performances insuffisantes en matière d'économie d'énergie »*. Pour éviter cela, un site peut vous guider dans vos projets de rénovation : faire.fr[21]. Ce site vous aide à déterminer les travaux à entreprendre et les financements à envisager.

19. https://www.ecologique-solidaire.gouv.fr/programmations-pluriannuelles-lenergie-ppe
20. https://cler.org/une-ppe-ambitieuse-pour-une-transition-energetique-et-solidaire/
21. https://www.faire.fr

action 2 : Réduire les consommations énergétiques directes : chauffage et appareils ménagers

Évidemment en second lieu, avoir un mode de vie plus sobre revient à réduire sa consommation d'énergie. Nous le voyons dans notre tableau page 130, **40 % de nos émissions sont liées au chauffage** (consommation et production des combustibles) et **20 % à l'approvisionnement en ressources du logement : eau, électricité, gaz.** Adopter des habitudes d'économie d'énergie va permettre de limiter son impact carbone : baisser le chauffage, limiter les consommations d'électricité et le nombre d'appareils électriques et numériques. Par exemple, chauffer d'un degré de plus son logement, c'est augmenter de 7 % sa consommation d'énergie ! Une consommation plus sobre est indispensable car aucune énergie renouvelable, même abondante, ne pourra fournir suffisamment pour satisfaire la demande gigantesque en énergie de notre système actuel. Rappelons que le scénario NégaWatt pour une Transiton énergétique prévoit en priorité une consommation sobre d'énergie, puis l'efficacité énergétique et enfin le passage au renouvelable[22].

Enfin, il faut opter pour les systèmes de chauffage les plus économiques et plus efficients : pompe à chaleur et chaudière au bois performantes sont les meilleurs choix à ce jour.

> « Une consommation plus sobre est indispensable car aucune énergie renouvelable, même abondante, ne pourra fournir suffisamment pour satisfaire la demande gigantesque en énergie de notre système actuel. »

action 3 : Réduire l'empreinte en eau de mon logement

• RÉDUIRE L'EAU PRÉLEVÉE

Comme toujours, la majeure partie de notre impact sur l'eau est invisible ! L'eau cachée se situe dans la construction du logement et dans la consommation

22. https://www.negawatt.org

d'électricité : 36 % de l'empreinte en eau prélevée d'un Français est liée à la production d'énergie nucléaire et au refroidissement des centrales.

- En construisant un logement écologique performant ou en le rénovant, je réduis à la fois l'eau prélevée pour les matériaux utilisés et pour me chauffer.
- En économisant l'électricité dans mon logement, je réduis mon empreinte en eau prélevée à la production.

RÉPÉTONS-LE : EAU ET ÉNERGIE SONT INTIMEMENT LIÉES !

De plus, nous l'avons vu, l'eau utilisée au robinet ne représente finalement qu'un volume de 123 litres par jour, soit 6 % de mon total quotidien. Par exemple un burger (bœuf + céréales) équivaut à 6 mois de douche. Le problème n'est pas tant dans la disponibilité de la ressource (hormis sécheresse exceptionnelle), que dans :

- **le coût énergétique de l'acheminement de l'eau** jusqu'à mon logement (infrastructures, potabilisation...)
- **la pollution de l'eau en aval par mes effluents domestiques :** 10 millions de tonnes de boues brutes sortent des stations d'épuration en France chaque année dont la moitié sont issues du traitement des effluents domestiques[23]. L'élimination de ces boues pose un problème de pollution par les métaux, métaux lourds notamment et les microbes pathogènes qui peuvent entrer dans la chaîne alimentaire[24]. Aujourd'hui un tiers de ces boues est épandu sur les surfaces agricoles les moins sensibles (zones urbanisées et régions montagneuses), le reste est incinéré ou mis en décharge.

Réduire son utilisation d'eau domestique permet donc de réduire les coûts cachés financiers et environnementaux indirects de notre consommation d'eau en aval et en amont.

• POLLUTION DE L'EAU

Nos pollutions domestiques de l'eau peuvent être facilement réduites, voire évitées : suppression de l'utilisation des produits nocifs, produits écolabellisés, produits naturels, alternatives physiques (débouchage mécanique)... Autant de substances en moins dans nos stations d'épuration et dans les eaux souterraines

23. https://www.planetoscope.com/sols/624-epandage-de-boues-d-epuration-en-france.html
24. http://www.cnrs.fr/cw/dossiers/doseau/decouv/preservation/05_proteger.htm

et de surface. Enfin, des systèmes autonomes dans nos maisons permettraient de traiter les eaux usées en s'inspirant du fonctionnement des écosystèmes : jardins filtrants, lagunage, bambous ou saules... et ainsi réduire les quantités de boues dans les stations qui posent un sérieux problème en bout de ligne. Ces dernières contiennent des agents pathogènes, et des contaminants chimiques toxiques pour l'humain et l'environnement (métaux lourds, composés organiques) que l'on épand sur les terres agricoles pour les moins pollués ou qu'on envoie à l'incinération et l'enfouissement[25] !

action 4 : choisir l'autonomie énergétique

Nous sommes dépendants des énergies fossiles et de leur importation. Pétrole, gaz, uranium ne sont pas produits sur le territoire français et cela entraîne des conséquences géopolitiques désastreuses sur les pays du Sud. Mais ce n'est pas une fatalité, nous pouvons produire cette énergie dont nous avons besoin sur nos territoires : le bois, l'éolien, le photovoltaïque, le biométhane sont des énergies qui peuvent nous amener à une indépendance et une réduction des impacts environnementaux. Surtout ces filières sont créatrices d'emplois non délocalisables et de développement de la richesse locale. Car l'enjeu est aussi dans la structuration de la production électrique française. Ultracentralisée, elle est le monopole d'une entreprise d'État dont les choix incombent peu aux citoyens. 590 milliards d'euros sont dépensés chaque année par les 24 pays de l'OCDE pour soutenir la production et la consommation d'énergie fossile[26]. Et que dire du choix du nucléaire français, maintenu contre vents et marée en dépit du risque encouru et de la réticence citoyenne. **Les tenants de la croissance verte entretiennent, de plus, l'idée que les industriels qui nous ont menés au bord du gouffre énergétique**

« Le bois, l'éolien, le photovoltaïque, le biométhane sont des énergies qui peuvent nous amener à une indépendance et une réduction des impacts environnementaux. »

25. *http://www.centre-antipoison-environnemental.com/boues-station-epuration.html*
26. *Cochet Y et Buckle E. Rapport du 31 mai 2012 « Fossil Fuel Subsidies and government Support in 24 OECD countries » in Raphaël Souchier. Made in local. Eyrolles 2013*

et du réchauffement climatique pourraient être les seuls à nous en sortir. Fi encore une fois du choix citoyen et de notre capacité à décider de notre avenir et nous organiser. Notre avenir peut s'envisager encore une fois localement. Les subventions des énergies fossiles et nucléaires pourraient être réorientées vers les énergies renouvelables produites localement : soutien aux PME, soutien à l'autoproduction et aux réseaux locaux de production d'énergie. L'autonomie énergétique à l'échelle d'une maison, d'un bâtiment ou d'un lotissement, est une autre voie. Celle d'une Transition plus sobre, responsable et génératrice de richesses sur les territoires par et pour les citoyens. Choisir l'autonomie, c'est agir à plusieurs niveaux :

INDIVIDUELLEMENT. En installant sur sa maison les outils de production d'énergie renouvelable adaptés : chaudière bois-énergie, panneaux solaires, éoliens, géothermie... Devant la multiplication des offres, il est difficile d'y voir clair et d'éviter les arnaques qui sont une réalité malheureusement, le mieux est de prendre rendez-vous avec l'Agence de l'Énergie et du Climat (ALEC) locale pour un conseil sérieux. Ou en choisissant un fournisseur d'énergie militant comme Enercoop[27]. Citons-les : *« Notre vision : une société dans laquelle chacun.e peut accéder à une énergie 100 % renouvelable ; un modèle sobre en énergie, local, organisé dans le cadre d'une gouvernance partagée, transparente et démocratique ».* Attention au marketing vert ! De nombreux fournisseurs d'énergie verte achètent en fait de l'électricité produite de manière renouvelable à l'étranger et à bas prix. Ces fournisseurs d'énergie verte ne favorisent donc ni le développement local, ni la sobriété énergétique mais plutôt la consommation « as usual ». Rien à voir avec une Transition énergétique cohérente et le vrai prix de l'énergie, citoyenne et locale.

> « La question de l'énergie doit se penser de manière globale mais doit être gérée localement. »

COLLECTIVEMENT. En participant à des collectifs de production citoyens. Comme le bel exemple de l'association Éoliennes en Pays de Vilaine[28] (EPV) dont la philosophie se résume ainsi : *« Priorité aux économies d'énergie et énergies renouvelables citoyennes ! La question de l'énergie doit se penser de manière globale mais doit être gérée localement ».*

27. http://www.enercoop.fr
28. https://eolien-citoyen.fr

-CHAPITRE 9-

MA TRANSITION ALIMENTAIRE

APRÈS LA PEUR DE L'EMPLOI, LA PEUR DE MANQUER

On impose souvent le fait de devoir nourrir les hommes de façon industrielle en jouant sur la peur de manquer, bien ancrée dans la psychologie générationnelle post-Seconde Guerre mondiale. **Parce que nos grands-parents ont tous mangé des topinambours pendant la guerre, on devrait donc aujourd'hui se taire et être heureux de notre système agro-industriel qui nous permet d'en avoir plein les placards. Sans les tracteurs et les pesticides, nous serions tous affamés aujourd'hui.** Nous devrions avoir honte d'autant d'ingratitude envers la révolution industrielle agricole qu'ont mise en place nos aînés. Et bien sûr c'était, et c'est, le seul système possible pour notre agriculture. Ben voyons… Rappelons que le dernier ticket de rationnement date de 1949 et que la mécanisation a démarré 10 à 15 ans après, au début des années soixante. Ce système agro-industriel a d'abord été le choix de grandes entreprises et de banques. Les mêmes qui ont construit

> « Nous produisons sur Terre de quoi nourrir 12 milliards d'individus, et nous mettons à la poubelle 50 % de la production, invendus, périmés, non consommés… »

les chars et les armes chimiques durant le conflit mondial et qui ont eu besoin de retombées financières à la sortie de la guerre.[1]

Cinquante ans après, ce système, verrouillé par la PAC (politique agricole commune) perdure dans cette même logique et révèle toute son absurdité :

- Nous produisons sur Terre de quoi nourrir 12 milliards d'individus, et nous mettons à la poubelle 50 % de la production, produits pas calibrés ou trop moches, invendus, périmés, non consommés, etc. Pendant que 900 millions d'êtres humains souffrent de malnutrition.

- 61 % des exploitations agricoles auraient eu un résultat courant avant impôt négatif en 2014 si elles n'avaient pas perçu des subventions. **Les agriculteurs ne survivent qu'avec les aides publiques pour payer cette industrialisation de leur outil de production. Ce qui équivaut à une définition contemporaine du servage.**

- Nous finançons donc, avec notre argent, *via* nos impôts, la vente quasi à perte des produits agricoles destinés à la grande distribution : lait, porc, légumes... **Cela signifie que nous finançons les marges insultantes des milliardaires du supermarché** (Gérard Mulliez, le fondateur du groupe Auchan possède 30 milliards d'euros de fortune personnelle[2]). Rappelons la mainmise, le presque monopole des quatre groupes français sur le business de l'alimentation (Carrefour, Système U/Auchan, Leclerc, Casino/Intermarché) qui concentrent 88,5 % des volumes de produits de grande consommation et produits frais vendus[3].

- Un tiers des sols français sont déficitaires en matière organique selon l'INRA.

- Et notre santé paie chaque jour le prix fort de cette alimentation industrielle ultratransformée, suremballée, riche en sucres, en gras, en sel, en protéines animales et substances chimiques nocives avec le développement de cancers, obésité, diabète, autisme, Alzheimer...

En résumé, nous laissons à quelques-uns la possibilité d'exploiter, jusqu'à l'épuisement, la Terre et les humains pour leur enrichissement personnel à court terme. Au mépris du droit le plus élémentaire : manger à sa faim et correctement

1 : *« Est-ce que les solutions agronomiques existent », de Lydia et Claude Bourguignon, in Maxime de Rostolan. On a 20 ans pour changer le monde, Larousse, 2018*
2 : *https://www.challenges.fr/classements/fortune/gerard-mulliez-et-sa-famille_441/*
3 : *Cyril Dion. Petit Manuel de résistance contemporaine, Actes Sud, 2018*

pour être en bonne santé[4]. Comme pour notre argent à la banque (voir chapitre 6), nous n'avons pas eu le choix de cette évolution et nous avons perdu le contrôle de notre alimentation. Il est temps d'inverser la donne et de reprendre la main sur notre alimentation.

> **« Nous laissons à quelques-uns la possibilité d'exploiter, jusqu'à l'épuisement, la Terre et les humains pour leur enrichissement personnel, au mépris du droit le plus élémentaire : manger à sa faim et correctement. »**

Selon la FAO (Organisation des Nations Unies pour l'alimentation et l'agriculture), nous pourrions nourrir toute la planète en bio[5]. Mieux, l'agriculture biologique est une solution majeure à ce souci de pénurie, car rappelons que notre agriculture soutenue par la PAC est ultradépendante des intrants pétroliers. Et que le système de culture agroécologique augmente la productivité, tout en protégeant l'écosystème, comme le signale si bien Olivier de Schutter dans son rapport de décembre 2010 à l'ONU[6]. Citons la FAO : *« Les exploitations biologiques produisent une variété de cultures et élèvent divers types de bétail pour optimiser le partage des surfaces et des intrants, ce qui entraîne une réduction du risque de faible production ou de pertes de rendements dans tous ces secteurs à la fois. Ceci peut avoir des implications majeures sur la sécurité et la résilience alimentaires. Dans les systèmes d'agriculture pluviale, il a été montré que les résultats de l'agriculture biologique dépassent ceux de l'agriculture traditionnelle en cas de contraintes environnementales »*. Si on veut parler de pénurie éventuelle et anticiper l'avenir, il va falloir sortir du système agro-industriel lourdement subventionné et aux coûts cachés énormes, pour redonner à nos territoires, ici et dans les pays du Sud, leur autonomie et leur pouvoir[7]. Car plus que le bio, désormais récupéré, dénaturé et délocalisé par l'industrie agroalimentaire, c'est le local qui sera la solution de demain.

4 : Jean-Marc Borello, Hélène Le Teno. Choisir son monde. Agir au quotidien avec les entreprises sociales écologiques. Éditions de l'Atelier, 2017
5 : http://www.fao.org/organicag/oa-faq/oa-faq7/fr/
6 : http://www.srfood.org/images/stories/pdf/officialreports/20110308_a-hrc-16-49_agroecology_fr.pdf
7 : Raphaël Souchier. Made in local. Eyrolles, 2013

C'est ainsi qu'on évitera le risque futur de pénurie, et donc de conflit. Rappelons que Paris, ville de 10 millions d'habitants, ne dispose que de 3 jours d'autonomie alimentaire et que la région Île-de-France n'est autonome qu'à 0,5 % pour la viande, 10 % pour les légumes frais, 1,45 % pour les fruits et 1 % pour le lait[8]. Emploi, santé, environnement, seule une agriculture locale et respectueuse des écosystèmes nous permettra de répondre à ces enjeux qui prendront une tournure plus dramatique avec le changement climatique. **Les enjeux de l'alimentation sont donc autant environnementaux que sociaux et économiques, et nous en sommes un maillon essentiel : nous pouvons décider à qui nous donnons notre euro et qui nous soutenons.** Je le donne à Bayer ou à ma coopérative locale ? À Édouard ou à Michel, mon maraîcher ? Nous pouvons décider d'être un acteur des circuits courts et nous engager localement pour faire concrètement le changement.

> « Il va falloir sortir du système agro-industriel lourdement subventionné et aux coûts cachés énormes, pour redonner à nos territoires, ici et dans les pays du Sud, autonomie et pouvoir. »

8 : *Lionel Astruc, Cécile Cros. Manger local. Actes Sud, 2011*

Mon quatrième impact : l'alimentation industrielle et transformée vs l'alimentation par les circuits courts

alimentation	quantité d'aliments (kg/an)	émission CO_2 (kg éq. CO_2/an)	écotoxicité eau douce (kg éq. 1,4-DB/an)
FAMILLE ZÉRO DÉCHET	1 871	1 920	38,7
Fruits et légumes	1 336	258	15
Viandes, œufs et poissons	218	932	8,3
Produits laitiers	95	228	4,4
Céréales	112	158	0,8
Produits transformés	109	341	10,2
Produits industriels	1	3	0
FAMILLE STANDARD	2 846	8 430	84,1
Fruits et légumes	317	46	2,8
Viandes, œufs et poissons	418	2 934	9,7
Produits laitiers	341	771	8
Céréales	596	1104	3,4
Produits transformés	265	873	24
Produits industriels	909	2702	36,2

Produits transformés : vin, bière, café, thé, huiles, pain, pâtes, viennoiseries

Produits industriels : plats cuisinés industriels, conserves, surgelés, eau minérale, chips, biscuits apéritifs, gâteaux et biscuits sucrés.

Sources : Valeurs : Insee, infocereales.fr, agreste.agriculture.gouv.fr, enquête CCAF 2007, plantoscope.
Facteurs d'émission : Base Carbone. ACV ecoinvent 3.

« En consommant en majorité des fruits et légumes locaux et de saison, nous retrouvons un équilibre nutritionnel optimal. »

Avec l'alimentation industrielle, nous avons clairement pris de mauvaises habitudes alimentaires, aux effets néfastes pour notre environnement et notre santé. Nous surconsommons ainsi des produits transformés, de la viande et des céréales raffinées majoritairement distribués en grandes surfaces. Comparons l'alimentation de la famille Zéro Déchet à celle d'une famille standard. La quantité d'aliments consommés sur l'année est inférieure de 35 %, c'est-à-dire que la famille Zéro Déchet mange un tiers de moins de nourriture qu'une famille française standard.

En faisant le choix d'aliments de bonne qualité nutritionnelle, en mangeant plus d'aliments bruts et moins d'aliments ultratransformés, on est plus rapidement rassasié et on apporte à notre corps tout ce dont il a besoin au quotidien pour être en bonne santé. **La qualité plutôt que la quantité !** Les fruits et légumes bio, locaux et de saison deviennent ainsi la base de la masse alimentaire annuelle (71 %), au détriment de la viande (11 %), des céréales (5 %) et des produits ultratransformés (0 %). Ces derniers sont des aliments raffinés, riches en énergie et dépourvus de composés protecteurs comme les fibres, micro- et phytonutriments. Ces « faux » aliments sont impliqués dans de nombreuses maladies de civilisation : diabète, obésité, cancer, maladies cardio-vasculaires[9]. Rappelons que l'obésité tue autant que le tabac aujourd'hui, en étant responsable d'environ 11 % des décès en France[10]. En consommant en majorité des fruits et légumes locaux et de saison, nous retrouvons un équilibre nutritionnel optimal.

9 : *Anthony Fardet, Halte aux aliments ultratransformés ! Mangeons vrai, Thierry Souccar Éditions., 2017*
10 : *https://www.insee.fr/fr/statistiques?debut=0&theme=3*

Aliments consommés par famille en 1 an en kilo

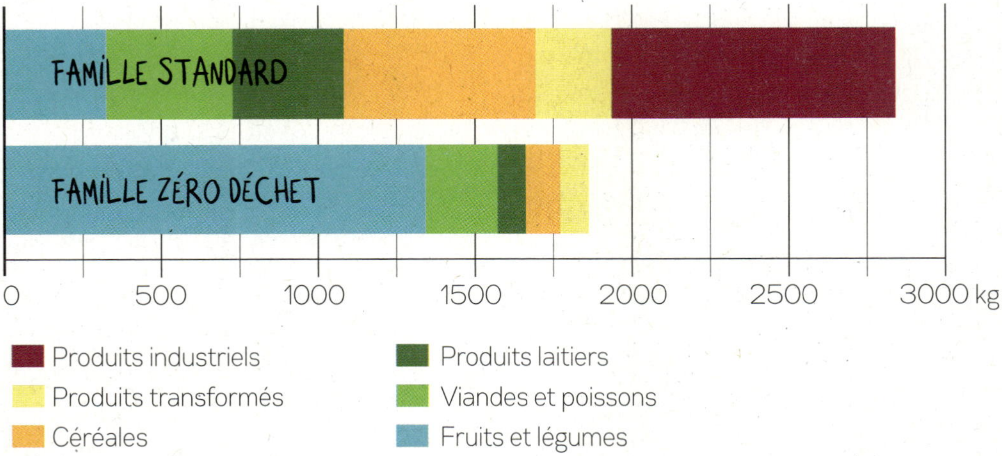

TROP DE PÉTROLE DANS LES ASSIETTES

Après notre argent, nos transports et notre logement qui sont responsables à eux seuls de 81 % de nos émissions carbone, notre alimentation est le quatrième contributeur. Elle représente 10 % de nos émissions. Ce que nous mangeons a un impact majeur sur l'environnement. Notre alimentation devenue industrielle est hyperconsommatrice d'énergie fossile, et donc ultradépendante de cette ressource.

« Nous avons du pétrole dans nos assiettes ! »

Nous avons du pétrole dans nos assiettes ! La moitié de ce pétrole est utilisée en carburant pour les tracteurs et engins agricoles servant à travailler le sol, semer, fertiliser et traiter. Le reste permet le chauffage des bâtiments d'élevage (14 %) et des serres (10 %), et le déplacement des personnes (8 %)[11]. En mangeant bio, local et de saison, principalement des fruits et légumes et peu d'aliments d'origine animale, **la famille Zéro Déchet divise par 4 ses émissions carbone !**

11 : http://www.ademe.fr/sites/default/files/assets/documents/2-maitriser-energie-en-agriculture-reference-ademe-8135.pdf

UNE AGRICULTURE INDUSTRIELLE TROP GOURMANDE EN EAU

23 % de notre empreinte en eau prélevée annuelle est lié à l'agriculture, pour l'irrigation et la transformation des produits[12]. Mais le modèle agronomique industriel dominant est surtout un grand utilisateur d'intrants chimiques employés pour fertiliser et traiter.

L'alimentation de la famille Zéro Déchet permet de réduire la pression exercée sur les masses d'eau et le cycle de l'eau non seulement en termes de quantité d'eau prélevée et consommée qu'en termes de pollution engendrée à chaque étape de la production alimentaire. Concernant les émissions polluantes dans le cycle de l'eau, l'alimentation de la famille Zéro Déchet permet une réduction de plus de 50 % concernant l'écotoxicité par rapport à une alimentation composée de produits de l'agriculture industrielle, soit 38,7 kg éq. 1,4-DB/an contre 84,1 kg éq. 1,4-DB/an. Les produits transformés et industriels consommés par la famille conventionnelle génèrent en effet à eux seuls 70 % des rejets de toxiques dans le milieu aquatique (60,2 kg éq. 1,4-DB/an). **Manger bio, local et de saison, c'est donc préserver la santé du cycle de l'eau et la nôtre.**

12 : www.statistiques.developpement-durable.gouv.fr/sites/default/files/2018-10/reperes-conso-menages-v2.pdf

DES SOLS DE MOINS EN MOINS RICHES

Le système agronomique industriel entraîne un épuisement important des sols. Dans les années cinquante, les sols comportaient 2 tonnes de vers de terre par hectare de champ cultivé, contre moins de 100 kilos aujourd'hui[13]. Labour, intrants, monoculture intensive ont pour effet un appauvrissement rapide des sols et de leur microflore essentielle à leur fertilité. Le système a même atteint des limites incohérentes quant à son rendement : 10 tonnes de matière organique sont nécessaires pour produire 1 tonne d'aliments. Le rendement pour une vache est de 10 %, c'est-à-dire que pour produire 1 kg de viande, la vache doit ingérer 10 kg de fourrage ! **Aujourd'hui, 80 % de la surface agricole mondiale est dédiée à l'élevage, ce qui est intenable pour les écosystèmes** (sans compter les émissions de méthane par les animaux, le méthane étant un puissant gaz à effet de serre). Nous devons par conséquent réduire la part des aliments animaux dans nos menus. L'Organisation mondiale de la santé (OMS) recommande aussi de ne pas manger de viande plus de trois fois par semaine, ne serait-ce que pour protéger notre santé et réduire les risques de cancer colorectal, du pancréas et de la prostate[14].

> « La société actuelle a sacrifié, au profit de l'argent, son droit le plus fondamental : se nourrir sainement. »

En comparant l'impact de l'alimentation de la famille Zéro Déchet à celui d'une famille classique, on se rend compte combien nos choix alimentaires sont importants. Ils ont une répercussion directe sur le changement climatique, le cycle de l'eau et sur l'humain dans ce qui le touche le plus : sa santé et son travail. Manger, besoin primaire de chacun, représente un enjeu majeur de la transition écologique. La société actuelle a sacrifié, au profit de l'argent, son droit le plus fondamental : se nourrir sainement. Et ce à tout prix, y compris celui de notre intégrité physique. Il est temps de se réapproprier notre alimentation et notre corps. Je suis ce que je mange.

13 : Lydia et Claude Bourguignon, Laboratoire d'analyse microbiologique des sols LAMS, 2008. https://www.lams-21.com/artc/1/fr/
14 : http://www.who.int/mediacentre/news/releases/2015/cancer-red-meat/fr/

LES ACTIONS...

Notre schéma NégaWaste pour l'alimentation

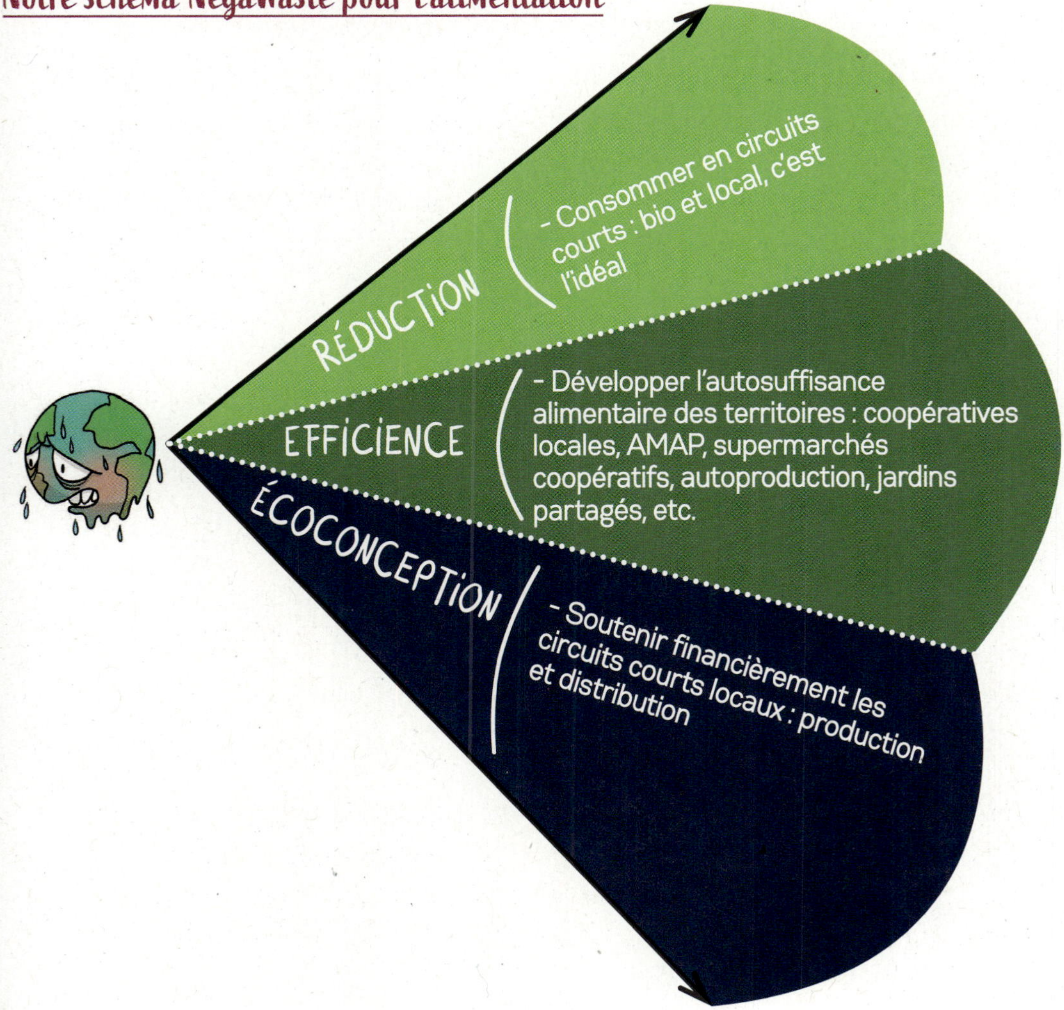

action 1 : consommer bio et local, c'est l'idéal[15]

Vive les circuits courts ! La grande distribution détient 60 % du marché de la distribution alimentaire. Elle est responsable de cet état de fait : gaspi-malbouffe-chômage. Quand on voit comment l'agroalimentaire détourne et dénature le label bio, on peut se demander s'il est bien raisonnable d'attendre que le changement se fasse là. Ne plus aller en supermarché est aujourd'hui un engagement citoyen fort et bien plus simple qu'il n'en a l'air[16]. Et ça n'a rien de radical, bien au contraire...

Réfléchissons bien, où est la radicalité ? Aller sur son marché auprès d'un agriculteur bio ou une coopérative locale qui produit à quelques kilomètres de chez nous ou acheter des yaourts polonais et des cornichons chinois ? Dans notre démarche Zéro Déchet, nous avons expérimenté que s'alimenter en circuits courts était possible. Nous sommes toujours plus nombreux chaque jour à le faire et à nous en trouver ravis. Quelle grande qualité de vie nous avons trouvée ! Pour rien au monde nous ne souhaiterions revenir en arrière.

Souvent, il faut faire des choix, renoncer à certains produits, car l'offre actuelle de produits fermiers locaux est malheureusement insuffisante. Les circuits courts représentent seulement 1 à 3 % des parts de marché alimentaire, alors qu'ils pourraient déjà concerner 10 à 20 % du marché français si on suivait la demande des consommateurs actuels qui ont pris conscience des enjeux[17]. Bio ou local, il faut parfois encore malheureusement trancher, à nous de choisir selon l'offre du territoire.

« La grande distribution détient 60 % du marché de la distribution alimentaire. Elle est responsable de cet état de fait : gaspi-malbouffe-chômage. »

• CHOISIR SON LIEU D'ACHAT

Le marché reste l'idéal car on a tout sur place : maraîcher, boucher, pain, fromager, etc. Le plus souvent, ce sont des producteurs locaux ou régionaux. Et que dire de

15 : Fédération nationale d'agriculture biologique des régions de France, http://bioetlocal.org
16 : https://www.i-boycott.org/
17 : Lionel Astruc, Cécile Cros. Manger local. Actes Sud, 2011

l'ambiance du marché ? De ce temps passé au milieu de cette ambiance typiquement française, faite d'odeurs, de dégustations, de rencontres, du petit verre de vin local... Ce temps si précieux, que l'on croit gagner en grande surface mais que l'on gâche sous les néons et la solitude des rayons. On entend souvent les gens dire « je n'ai pas le temps de courir à droite à gauche », mais au marché, tout est centralisé.

On peut aussi faire ses achats sur les différentes plateformes dédiées aux circuits courts : AMAP, Jardins de Cocagne, paniers paysans, la Ruche qui dit oui ! etc. Le site de la FNAB (fédération nationale d'agriculture biologique de France) peut vous guider dans vos recherches[18]. Pour les ingrédients secs (noix, pâtes, farines, sucre, etc.), les magasins de vrac sont désormais nombreux : les chaînes spécialistes du bio de type Biocoop, La Vie Claire, etc. ou les magasins de vrac indépendants près de chez vous et dont le nombre double chaque année[19].

18 : http://bioetlocal.org/manger-bio-toute-lannee-pres-de-chez-vous/
19 : https://www.reseauvrac.org/epiceries-vrac/

• ÉCONOMIE ET GASPILLAGE

La famille Zéro Déchet dépense en moyenne 140 euros par semaine pour son alimentation majoritairement bio, locale, de saison et zéro déchet. D'après l'Observatoire annuel de Familles Rurales, 139 € c'est le coût du panier moyen[20]. Eh oui, contrairement à l'idée largement répandue, manger bio et local ne revient pas plus cher !

Moins et mieux, c'est la clé. Mais surtout, consommer en circuits courts, c'est agir pour une économie locale et résiliente. C'est court-circuiter le système agro-industriel et faire la transition alimentaire indispensable des territoires. En consommant essentiellement frais et local, on réduit considérablement la masse d'aliments achetés, on l'a vu plus haut. Ce qui signifie économie et surtout très peu de gaspillage. Pas de marketing et d'achat inutile de type promo, pas de date limite de consommation, le frais est consommé dans la semaine et... pas de déchet ! C'est la fin des emballages inutiles et du plastique et la naissance d'un beau compost. Rappelons que lorsqu'on fait ses courses alimentaires en grandes surfaces, le gaspillage coûte 160 € par an et par personne, soit 640 € pour une famille de 4, c'est-à-dire l'équivalent de son budget alimentaire mensuel ! **Finalement, consommer en circuits courts revient moins cher ! Et on arrête juste de jeter son argent à la poubelle.**

Il faut enfin avoir conscience de deux points essentiels :

- Nous baignons, pour la plupart – nous l'avons dit plus haut –, dans la peur de manquer. Inscrite depuis trois générations dans nos habitudes d'achat et de stockage de denrées à la maison. On en a plein les placards ! Avec une logique d'achat en circuits courts et frais, nous mangeons en flux tendu. Le frais est pour la semaine et le vrac pour la quinzaine. C'est un cap psychologique à franchir que d'avoir **des placards plutôt vides.** Mais on vous rassure, on mange très bien et il y a toujours de quoi cuisiner, hein.
- **Il faut cuisiner.** Et nous ne sommes pas tous égaux à ce sujet. Certains n'ont pas appris, comme c'est le cas de certains de nos proches amis mâles qui n'ont pas pris le virage du XXIe siècle et savent tout juste faire cuire des pâtes. D'autres n'ont pas le temps, absorbés qu'ils sont par une vie professionnelle qui dure jusque tard dans la journée. Enfin, d'autres encore n'ont tout simplement pas

20 : https://www.latribune.fr/entreprises-finance/industrie/agroalimentaire-biens-de-consommation-luxe/20130110trib000741701/13707-c-est-le-prix-en-euros-du-panier-moyen-des-menages-en-2012.html

l'envie ni le goût de la cuisine. Ne peut-on pas imaginer des lieux de mutualisation de la cuisine ? À l'échelle de la rue, de l'immeuble, du lotissement, une personne cuisine pour d'autres. Comme la concierge le faisait à Paris à d'autres époques... Rappelons-le, la Transition devra être collective. La cuisine peut être l'objet d'une mutualisation, un partage. Imaginons, on rentre du travail et on passe prendre son repas-tuptup au lieu collectif du quartier ou au restaurant qui le propose. Hop, 5 euros le pot-au-feu bio et local, quel régal et quelle énergie gagnée. Encore un nouveau modèle économique issu de la Transition et générateur de richesse locale. Après la ludothèque, la cuisinothèque ! Allez, au premier qui lance la réalisation...

Action 2 : Développer l'autosuffisance alimentaire des territoires

> « Notre argent s'évade du territoire, nos emplois aussi et la plus-value remplit les poches d'actionnaires, nous sommes les cornichons de la mondialisation. »

Nous l'avons compris, l'industrie agroalimentaire et la grande distribution ont mis la main sur notre assiette à tous les niveaux : écologique, économique, humain. Quand nous achetons un yaourt Danone, celui-ci n'a pas été produit ici sur le territoire et la société n'est pas domiciliée ici. Par contre, à nous de traiter le déchet du pot de yaourt... C'est une perte nette pour l'économie réelle locale. **Notre argent s'évade du territoire, nos emplois aussi et la plus-value remplit les poches d'actionnaires, nous sommes les cornichons de la mondialisation.** Selon Rob Hopkins, qui développe le mouvement des villes en transition[21], la population de Totnes, ville britannique où il a expérimenté la Transition, dépense chaque année 30 millions de livres pour son alimentation, dont 22 millions qui échappent au territoire par cette logique de produits de grandes marques agroalimentaires[22]. Avec seulement 2 millions de livres annuelles, la ville de Totnes a réalisé sa transition vers une autosuffisance alimentaire du territoire. Mais oui c'est possible, en plus d'être indispensable. À nous d'en être les acteurs.

21 : http://www.entransition.fr
22 : Rob Hopkins et Lionel Astruc. Le Pouvoir d'agir ensemble, ici et maintenant, entretiens. Actes Sud, 2015

• ACTION PERSONNELLE : SOUTENIR LA PRODUCTION LOCALE

Par mes achats, nous l'avons vu, mon euro est mon pouvoir. Acheter en circuits courts, c'est favoriser la transition alimentaire des territoires.

Par mon soutien financier, mon argent est un levier essentiel de la Transition. Plusieurs acteurs font un travail exceptionnel pour faire cette révolution agricole dont nous avons besoin. Soutenons-les ! Blue Bees[23], Fermes d'avenir[24], Terres de lien[25]. Et plus encore sur finansol.org[26]

Par mon potager. C'est un beau moyen de produire une partie de sa consommation et de prendre beaucoup de plaisir ! Entre l'autosuffisance complète et faire pousser quelques tomates, il y a une marge de manœuvre importante. Le mieux est de se faire accompagner par des personnes qui ont de l'expérience, au sein d'une association locale, d'un collectif ou d'une ferme formatrice. Préparer et préserver le sol, produire ses propres semences, connaître le calendrier, faire ses conserves et boçaux... autant de savoirs et de savoir-faire à acquérir auprès des autres. C'est ce que propose, par exemple, l'école des jardiniers à Reims[27].

Et en ville ? Ben aussi ! Balcon, toits, jardins partagés, guérilla verte, compost collectif, miel, les possibilités de refaire une place à la production alimentaire en ville sont nombreuses. Les projets de ferme urbaine en sont un bel exemple, comme le Champ des possibles à Rouen[28].

Par mon travail. Nombre de qualifications sont aussi essentielles pour soutenir le mouvement. Pourquoi ne pas mettre ses compétences de comptable au service d'une coopérative de l'économie sociale et solidaire ? Ses compétences informatiques

> « En consommant moins, nous dépensons moins et donc travaillons moins. La sobriété volontaire permet de gagner ce qu'il y a de plus précieux aujourd'hui : le temps. »

23 : https://bluebees.fr/fr/
24 : https://fermesdavenir.org
25 : https://terredeliens.org
26 : https://www.finansol.org
27 : http://lecoledesjardiniers.fr
28 : https://www.facebook.com/pg/lechampdespossiblesrouen/about/?ref=page_internal

au service d'une coopérative de réemploi ? Les possibilités sont nombreuses. Redonner du sens à son travail et à son quotidien, nombreux sont ceux qui en rêvent chaque jour. Faisons-le. Quelle importance de perdre en pouvoir d'achat sur son salaire si on y gagne en sens, en mettant son travail au service de la communauté et des générations futures. **En consommant moins, nous dépensons moins et donc travaillons moins. La sobriété volontaire permet de gagner ce qu'il y a de plus précieux aujourd'hui : le temps.** Le temps de faire et d'agir, la vraie richesse.

Se reconvertir ? Et pourquoi pas ? La requalification de la population est une clé de la Transition. Nous formons à tour de bras en écoles privées des responsables marketing, des commerciaux... et alimentons le système économique mondialisé en agents qualifiés pour continuer à surconsommer. La Transition des territoires passera par des personnes capables de cultiver, mais aussi réparer, construire... Des formations sont dispensées selon le niveau de compétences initial et le projet envisagé. Il est nécessaire d'être accompagné dans sa démarche de reconversion. L'atelier paysan à Renage (Isère) est un exemple de structure qui accompagne les particuliers, les néo-producteurs et les conversions en bio[29]. Le Pôle Emploi qui vous suit vous aiguillera vers la structure d'accompagnement locale en développement de projet. Le site du ministère de l'Agriculture fait le point sur l'existant[30], ainsi que le site de l'enseignement agricole[31]. Enfin, des structures destinées au développement de l'emploi agricole seront des ressources importantes : l'APECITA[32], le FADEAR[33] et la FNCIVAM[34]. Des aides à l'installation existent, des réseaux d'accompagnement et de soutien aussi, une reconversion se pense et se construit, et nous avons la chance d'avoir un système français plutôt structuré pour nous accompagner.

29 : https://www.latelierpaysan.org
30 : educagri.fr
31 : https://enseignement-agricole.agriculture.gouv.fr/formations.html
32 : apecita.com
33 : fadear.org
34 : civam.org

• ACTION COLLECTIVE : ENGAGEZ-VOUS, QU'ILS DISAIENT !

Nous pouvons nous engager et faire partie de la Transition agricole locale, que ce soit de façon bénévole ou professionnelle, en soutenant les producteurs locaux. Les réseaux de distribution alternatifs ont aujourd'hui une belle reconnaissance et sont même victimes de leur succès, et les listes d'attente sont parfois longues. Nous pouvons rejoindre l'existant et renforcer les moyens humains de ces structures, ou en créer de nouvelles.

- **En autoproduction : les jardins partagés.** De plus en plus plébiscités, ils se développent aussi bien en ville qu'à la campagne. Seniors, familles, habitants du quartier, tous se retrouvent autour de ces mètres carrés de verdure pour un sentiment partagé lui aussi : le plaisir. Plaisir d'être ensemble, de mettre les mains dans la terre, de retrouver du sens, de manger sa production, de cultiver bio et local. On peut rejoindre un jardin partagé existant ou en créer un. Mairies, communautés de communes, mais aussi propriétaires privés peuvent vous permettre de trouver le bon terrain. Créez un collectif d'habitants, structuré en association ou pas, et c'est parti pour une aventure de quelques années de partage et de bien-être. Le site de mise en réseau des jardins partagés est idéal pour répondre aux premières questions et ne pas perdre de temps ou d'énergie à réinventer la poudre. On y trouve même des formations thématiques[35].

35 : *http://jardins-partages.org*

Les AMAP (associations pour le maintien de l'agriculture paysanne), réseaux de paniers, marchés de producteurs ont pour objet de faciliter la vente des produits locaux en mettant en relation directement les producteurs et les citoyens. Au final, ces structures sont porteuses de liens, de solidarité, d'enjeu politique, dans le sens de l'organisation de la cité. Ce sont des moyens d'installer les circuits courts et la résilience des territoires, de favoriser l'alimentation et l'artisanat locaux, de développer des méthodes de culture respectueuses de l'environnement, de donner une juste rémunération aux producteurs en supprimant les intermédiaires et les marges de la grande distribution. L'annuaire des AMAP[36] vous donnera les bons conseils et vous aidera à la mise en réseau pour créer votre AMAP ou votre réseau de distribution de paniers locaux.

FOCUS 1

Cœurs paysans à Colmar[37]

En voilà une belle aventure !! Et un exemple de circuits courts qui devrait être notre avenir : 35 paysans alsaciens se sont mobilisés et ont décidé de racheter un ancien magasin Lidl pour vendre eux-mêmes leurs produits, en direct donc, du producteur au consommateur. Un an après, ils sont 42 et le chiffre d'affaires de 2,5 millions d'euros permet l'équilibre économique. Le rayon de production est de 50 km, donc archilocal. Et de saison du coup, pas de tomates ou de fraises en février qui viennent du fin fond de l'Espagne... La structure ayant le statut juridique de SAS, chaque producteur a une voix et se mobilise pour la vente à tour de rôle. Surtout, ils ont supprimé les intermédiaires et fixent eux-mêmes les prix de vente. Fini l'esclavage et la vente à perte ! Et les clients mangent sain, local, tout en maintenant leur argent et l'emploi sur le territoire. Une vraie réussite de circuits courts. À quand la même initiative sur les autres territoires avec un soutien des communautés de communes et agglos[38] ?

36 : http://reseau-amap.org
37 : http://www.coeur-paysan.com
38 : https://www.challenges.fr/economie/agriculture/coeur-paysan-quand-des-agriculteurs-ouvrent-leur-propre-supermarche_513076

FOCUS 2

« Nous n'étions pas satisfaits de l'offre alimentaire qui nous était proposée, alors nous avons décidé de créer notre propre supermarché », La Louve, Paris[39].

Tout est dit dans ce slogan. Et les coopérateurs de La Louve sont dans la même démarche de changement que les différents supermarchés coopératifs existant en France : Supercoop à Bordeaux, Scopalbi à Albi, la Cagette à Montpellier, Otsokop à Bayonne, La Chouette Coop à Toulouse, Scopéli à Nantes, etc. Dans ces supermarchés, tout le monde peut venir faire ses courses, il suffit d'être coopérateur. C'est-à-dire donner de son temps et un peu d'argent pour participer au financement, à la gouvernance et au fonctionnement du supermarché. Une adhésion et environ 3 heures de participation tous les mois et vous voilà acteur d'une économie locale et résiliente, faisant la part belle aux produits locaux et bio. Avantage non négligeable, les coûts de gestion du supermarché sont très inférieurs à ceux des enseignes de la grande distribution et permettent d'avoir des prix très raisonnables sur les produits. Citons aussi La Ruche qui dit Oui[40], le réseau ANDES pour le développement des épiceries solidaires[41].

Les supermarchés coopératifs et participatifs

Ces différentes structures ont la particularité de se construire sur un modèle partagé, coopératif et à but non lucratif. Aussi bien dans la décision (une personne = une voix), dans la gestion collective que dans le partage du capital. Enfin un montage économique associant les différents acteurs, du producteur au consommateur ! Enfin un système déconcentré, local et qui nous permet de sortir des logiques marchandes globales actuelles et des intermédiaires inutiles ! L'intérêt collectif prime sur la notion de profit et donc d'exploitation des maillons de la chaîne, notamment des producteurs qui sont devenus des variables d'ajustement dans le développement des grandes marques agro-industrielles. Enfin un modèle axé sur

39 : https://cooplalouve.fr
40 : https://laruchequiditoui.fr/fr
41 : https://andes-france.com

l'équilibre entre les humains, leurs besoins et l'écosystème ! Les citoyens répondent à leurs besoins tout en reprenant le contrôle sur leur assiette et leur autonomie locale. Le territoire est la clé de la Transition. L'action locale en est le levier.

« Le territoire est la clé de la transition. L'action locale en est le levier. »

Comme le montre le réseau américain des fermes familiales Organic Valley,[42] *« en vingt ans, Organic Valley est devenue la première coopérative indépendante d'agriculteurs familiaux bio d'Amérique du Nord et l'un des principaux producteurs et distributeurs de produits biologiques de saison, produits laitiers, soja et œufs. Elle est passée, sans perdre son âme, de sept cofondateurs à 1 677 coopérateurs, tous propriétaires agricoles implantés dans 32 États du Midwest et trois provinces canadiennes. La coopérative des pools régionaux a un double objectif central : être une source reconnue de nourriture biologique délicieuse et saine tout en préservant la qualité et le style de vie des fermes familiales »*[43].

42 : www.organicvalley.coop
43 : Raphaël Souchier. Made in local. Eyrolles, 2013

CHAPITRE 10

MA TRANSITION CONSO

Nota : Attention ne sont pas compris les déplacements liés aux loisirs (pratiques sportives, culturelles) et aux voyages, notamment l'avion, que nous avons développés au chapitre 7.

L'ARGENT, C'EST DU TEMPS

Chaque jour, nous sommes sollicités pour acheter. Pubs à la télé, à la radio dans la voiture, affichages en quatre mètres par trois du millionnaire JCDecaux, pression sociale des autres, vitrines et rayons surchargés, promos... Nous consommons une quantité hallucinante d'objets en tout genre : pour la maison, pour nous habiller, pour bricoler, jardiner, décorer, pour nous divertir, communiquer. Téléphones, chaussures, meubles, canapé, vaisselle, vestes, perceuse, tondeuse, bibelots, appareils électroménagers, jeux... Nous croulons sous les objets qui finissent par ne servir à rien et dormir sur une étagère ou dans un placard. Voire dans le garage. Incroyable le garage des Français. Rempli d'inutilisés-oubliés-dépassés que nous entassons là alors qu'ils fonctionnent encore. Mais nous n'en voulons plus. Nous ne les vendons pas, nous ne les réparons pas. Nous parlons souvent de l'obsolescence technologique mais pour la plupart de ces objets, c'est la mode, le goût, la facilité, donc nous-mêmes qui créons l'obsolescence en rachetant continuellement.

«Pendant que le temps économique cherche à raccourcir les durées d'utilisation par l'obsolescence programmée, il raccourcit d'autant le temps écologique qui s'écoule au rythme de la disparition des espèces... »

Aujourd'hui, nous nous remplissons d'objets audiovisuels et informatiques. Les TIC (technologies de l'information et de la communication) sont devenues des tocs. La connexion wifi une ultradépendance, notamment chez les plus jeunes. La vie virtuelle ou le nouveau marqueur social. L'avatar ou l'extension de soi dans un monde plus rose, plus confortable. Sept milliards de smartphones ont été mis en circulation en 10 ans. Autant que la population humaine. Sept milliards, sans jamais se poser la question de l'écoconception, de la fin de vie du produit ou de sa durabilité. Ou du moins en se la posant en sens inverse des aiguilles d'une montre : comment faire pour qu'elle soit la plus courte possible. Raccourcir le temps pour accélérer la consommation. Pendant que le temps économique cherche à raccourcir les durées d'utilisation, il raccourcit d'autant le temps écologique. Qui s'écoule, lui, au rythme des espèces végétales et animales qui disparaissent toutes les quinze minutes. Le temps, c'est de l'argent. Effectivement, et ça prend tout son sens avec l'obsolescence, Mister Jobs. Je me sens comme le lapin d'Alice au pays des smartphones, je cours et m'agite pendant que ma montre m'indique l'inéluctable : **le temps passe, l'argent coule (pas dans notre poche) et la fenêtre d'action écologique se ferme. Il va donc falloir redéfinir le temps.**

Premièrement, le temps d'utilisation de nos biens. La durabilité est bien le critère déterminant de l'ACV (analyse du cycle de vie) d'un produit. À nous de faire en sorte que ce temps soit le plus long possible. Plus le temps d'utilisation est long, plus le temps écologique ralentit et notre impact se réduit. Un produit qui dure dix ans au lieu d'un an, c'est un impact environnemental divisé par dix. Simple. Basique. Durabilité, occasion, réparation, location, autant de moyens d'allonger le temps.

Deuxièmement, le temps de notre vie, ce temps pour soi et pour ses proches, devenu si précieux à mesure qu'il s'est raréfié. Pour acheter des biens de consommation, nous dépensons notre argent gagné au travail. Si je veux de l'argent sur mon compte, il faut effectivement passer du temps à le gagner. Inversons la maxime : l'argent c'est du temps, arrêtons de consommer et gagnons du temps. Ce matin j'ai passé une heure à boire un café avec un ami en regardant les oiseaux s'envoler sur le lac. Être plutôt qu'avoir. Ça n'a pas de prix.

Mon cinquième impact

Biens et équipements	Valeur moyenne pour une famille de 4 personnes par an	émission CO_2 (kg éq. CO_2/an)
Biens de consommation et équipements du logement	3 526	1 763
Loisirs (hors transport)	5 975	1 643
Numérique	1 877	386
Habillement	2 769	97
TOTAL :	14 147 €	3 889 kg

Sources :
Valeurs : Insee (www.insee.fr/fr/statistiques/2569364?sommaire=2587886), GreenIT, ADEME.
Facteurs d'émission : ADEME Base Carbone, ACV Ecoinvent 3 (Pour le numérique : modélisation SimaPro, 2 méthodes couplées : ILCD et Recipe H).

L'impact du numérique pour une famille française type

Impact de la production des équipements de TIC par an lissé sur une durée de vie moyenne de l'appareil	Émission CO_2 (kg éq. CO_2/an)	Ressources prélevées (kg éq. Fe/an)	Eau prélevée (m^3/an)	Écotoxicité eau douce (kg éq. 1,4-DB/an)
1 ordinateur fixe complet (souris + écran + tour + clavier + connectique)	85	95	3,4	8,3
1 ordinateur portable	33	20,7	1,2	2,7
1 tablette	20	12,4	0,7	1,6
2 smartphones	8,4	2,7	0,1	0,4
1 téléviseur écran plat 35 pouces	122	45	4,2	5,3
1 GPS	5	3	0,2	0,4
1 imprimante	13	5,6	0,3	0,7
TOTAL :	286,4	184,4	10,1	19,4

Exemple de consommation d'énergie lors de l'utilisation des équipements de TIC	Exemples	Émission CO_2 (kg éq. CO_2)
Vidéo	300 h	5,4
Mails (avec pièce jointe de 1 Mo)	15 000	0,4
TOTAL :	–	5,8

Sources :
Valeurs production : ADEME (ademe-ges-tic-0212), GreenIT, qqf.fr, planetoscope.
Valeurs utilisation : The Shift Project
Facteurs d'émission : ADEME Base Carbone, ACV Ecoinvent 3
Les données concernant le smartphone ont été modélisées à partir de l'inventaire de cycle de vie agrégé proposé dans la publication Simplifying a life cycle assessment of a mobile phone de Clara Borggren et Christine Ambell, publiée le 26 février 2014.

UNE CATASTROPHE SUR LE PLAN HUMAIN

Avant l'empreinte carbone, eau ou ressources, l'impact majeur de notre système de consommation occidental actuel est avant tout humain ! Il y a quelques années, le scandale venait des ballons et des chaussures Nike cousus par des enfants pakistanais. On s'offusque, l'entreprise nous répond qu'elle « s'engage à améliorer la situation » et la caravane passe. Nous continuons de produire nos biens de consommation dans ces pays, quelques efforts sont faits pour les conditions de travail de nos amis esclaves à 30 € mensuels, mais peu ou prou, c'est le même système mondialisé et inégal qui perdure. *Business as usual.*

Nous avons délocalisé nos emplois en créant un chômage de masse ici et nous exploitons les ressources naturelles et humaines là-bas. Nous ne payons pas le vrai prix de notre surconsommation. Pas le vrai prix humain, ici et là-bas. Pas le vrai prix énergétique, pas le vrai prix de l'eau, pas le vrai prix des ressources. Et la facture sera payée par les générations futures : épuisement des ressources et des écosystèmes, réchauffement climatique, migrations massives.

Effectivement, comment peut-on imaginer que recevoir un smartphone à 1 € pour un réabonnement à un fournisseur puisse être le juste prix ? Comment peut-on imaginer qu'acheter un tee-shirt en coton à 5 € du Bangladesh puisse être son vrai coût ?

« Nous ne payons pas le vrai prix de notre surconsommation. Pas le vrai prix humain, ici et là-bas. Pas le vrai prix énergétique, pas le vrai prix de l'eau, pas le vrai prix des ressources. Et la facture sera payée par les générations futures. »

En République démocratique du Congo, ce sont entre 3,4 et 4,4 millions de personnes qui sont décédées depuis 1994[1]. Et 4,5 millions de déplacés[2]. Nous sommes là devant un génocide. Ici pas d'idéologie nazie, pas de méchants et de gentils, pas de conflit mondial. Au contraire le consensus entre les nations est général. Tout le monde est d'accord pour mettre la main sur les 80 % des réserves mondiales de coltan situées dans la région du Kivu. Le coltan est un minerai dont est extrait du tantale pour nos écrans tactiles, et toute la planète en veut. La déstabilisation politique de toute la région est un moyen de mettre la main sur cette ressource. Et les autres : diamant, or, cuivre, cobalt, zinc, manganèse. La grande exploitation est organisée par les multinationales, les mafieux locaux et les dictateurs des pays voisins qui chassent et persécutent les habitants des deux Kivu. L'économie est devenue militarisée, la violence est commercialisée par des milices qui proposent leurs services pour terroriser, torturer, violer et chasser les populations locales de ces lieux si riches en ressources. La destruction du tissu social est totale et le pillage aussi. En face, il n'y a aucune réaction de l'opinion ou de la communauté internationale devant ce génocide économique[3]. **Aucune indignation qui viendrait changer cet état de fait. Car tout le monde s'en accommode, tout le monde en a besoin.**

1. Rapport de l'International Rescue Committee, 2004
2. http://www.banquemondiale.org/fr/country/drc/overview
3. David Van Reybrouck. Congo. Actes Sud, 2012

DE L'EAU, DE L'EAU, TOUJOURS DE L'EAU

Nous l'avons vu, toute production industrielle nécessite de l'eau, beaucoup d'eau. La moitié des masses d'eau sur terre est en surexploitation, car il faut irriguer, refroidir, laver, transformer. Chaque transformation nécessite de prélever de l'eau, le plus souvent dans des régions de stress hydrique (où la demande en eau dépasse les ressources disponibles). Et de la polluer avec des substances chimiques nocives pour le milieu et l'humain.

Un quart des pesticides mondiaux sont destinés à la production de coton et les deux tiers sont produits en Inde et au Bangladesh. L'habillement est le deuxième secteur consommateur de produits chimiques après le secteur pétrolier. Formaldéhyde pour défroisser et fixer les colorants, perfluorés pour imperméabiliser, substances chlorées pour tuer les champignons, phtalates pour fixer et assouplir les inscriptions, métaux lourds pour faire briller et teindre, etc. Les intrants sont légion et les impacts majeurs : cancers, malformations, baisse de la fertilité, allergies...

> « La production d'un ordinateur nécessite 3,4 m³ d'eau et rejette 8,3 kg éq. 1,4-DB de produits chimiques dans l'eau douce ! »

L'écotoxicité des milieux aquatiques et de l'air liée à notre demande de produits de consommation et de biens d'équipements est très importante. Selon nos calculs, la production d'un ordinateur nécessite 3,4 m³ d'eau et rejette 8,3 kg éq. 1,4-DB de produits chimiques dans l'eau douce ! Le processus industriel d'extraction des métaux et leur dissociation d'avec leur roche-mère engendrent une forte pollution de l'eau douce. **Ainsi, deux tiers de l'eau douce sur terre sont pollués au-delà de leur capacité d'assimilation des pollutions, car nous ne laissons pas le temps au milieu aquatique de se régénérer. Protégeons les rivières, arrêtons de surconsommer.**

> « Protégeons les rivières, arrêtons de surconsommer. »

LE TOUT NUMÉRIQUE, L'INVERSE DU PROGRÈS POUR L'ENVIRONNEMENT

« Le numérique nous renvoie au même consensus des années 1970 sur le nucléaire, la chimie, le béton et le plastique, alors qu'on réalise aujourd'hui que ces derniers sont des fléaux environnementaux et sociétaux. »

Nous vivons dans le mythe du numérique comme progrès ultime de l'humanité et de nos sociétés. Ze Progrès avec un grand P. Tous nos élus sont unanimes, il faut réduire la fracture numérique, continuer son développement en donnant une tablette à chaque enfant dès le CE2. C'est ça l'avenir, et déjà le présent dans notre commune. Mieux, le numérique va nous permettre de lutter contre le changement climatique en réduisant la consommation de ressources *via* le tout connecté et intelligent (*smart* en anglais). Détecteur pour allumer la lumière (*smart grids*), applis sur nos smartphones pour partager des produits ou se déplacer (e-commerce, *smart mobility*), immeuble intelligent (*smart building*), etc.

Mais comment un secteur qui pose des problèmes majeurs à nos écosystèmes peut-il être considéré comme un progrès ? Comment peut-on sous-estimer aujourd'hui les impacts environnementaux majeurs en amont de la chaîne de production ? Nous sommes face au même consensus que celui qu'il y avait sur le nucléaire, la chimie, le béton et le plastique dans les années 1970. Pour se rendre compte aujourd'hui que ce sont des fléaux environnementaux et sociétaux.

Il se dit beaucoup de choses sur le numérique. Les fantasmes les plus fous circulent. Les résultats les plus divers sur les consommations d'énergie circulent. Nous avons voulu essayer modestement de modéliser ces impacts, tout en tenant compte des études existantes : ADEME, GreenIT, The Shift Project. Les résultats sont sans doute très imparfaits et donnent matière à discussion (périmètres et facteurs d'émission), mais les tendances globales et les conclusions que l'on peut en tirer sont les mêmes pour toutes les structures qui s'intéressent au sujet :

- **La consommation d'énergie liée aux TIC se situe principalement au moment de la fabrication** des équipements numériques (extraction, transport, etc.). Pour un smartphone, 90 % de l'énergie consommée l'est avant même que l'on ait commencé à l'utiliser, pour un ordinateur c'est 80 % et pour une télévision connectée, 60 %[4]. En matière d'électricité, un ordinateur portable consomme 40 kWh/an lorsqu'on l'utilise contre 2 000 kWh/an pour sa fabrication[5]. Si l'on ajoute les data centers et les réseaux, l'énergie consommée pour utiliser cet ordinateur peut monter à 50 % de l'énergie totale consommée selon les logiciels utilisés, leur besoin de bande passante et de stockage. Finalement les data centers souvent montrés du doigt ne sont responsables que de 25 % des émissions carbone du numérique, contre 47 % du fait du consommateur[6]. **Notre levier d'action pour la Transition numérique se situe donc bien, avant tout, à l'achat ! Réduire les achats d'appareils numériques, en posséder le moins possible, les faire durer le plus longtemps possible.**

Distribution de la consommation énergétique du numérique par poste pour la production et l'utilisation 2017

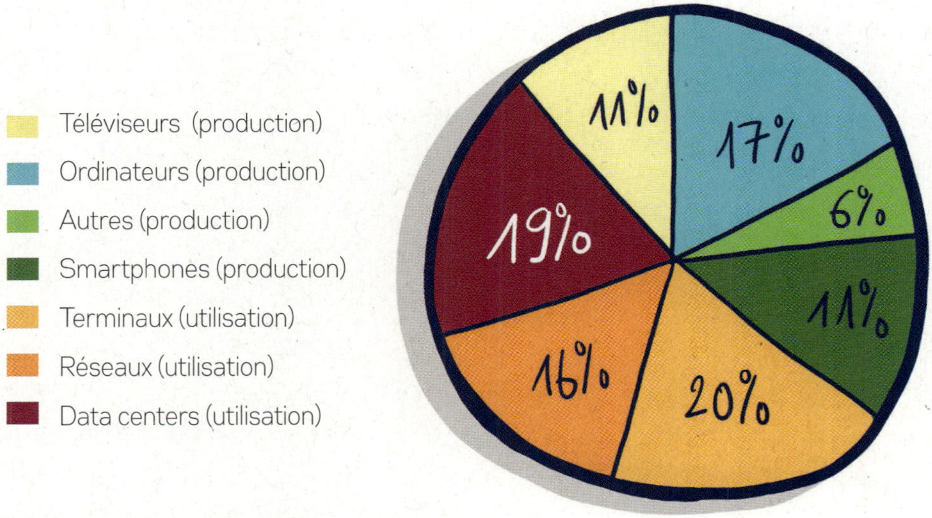

Source : The Shift Project 2018, à partir de Andrae & Elder 2015.

4. ADEME
5. Jean-Marc Jancovici. https://theshiftproject.org
6. GreenIT: https://e-rse.net/empreinte-carbone-internet-green-it-infographie-12352/#gs.6YILjCw

- Parmi les différents usages de l'ordinateur, **c'est bien le visionnage de vidéos en streaming qui consomme le plus d'électricité** : 100 fois plus que l'envoi d'un mail. « Il faudrait passer 5 heures à écrire et envoyer des mails sans interruption (soit 100 mails courts et avec une pièce jointe de 1 Mo) pour générer une consommation d'énergie analogue à celle causée par le visionnage d'une vidéo de 10 minutes »[7]. J'vais ptêt' arrêter de regarder des vidéos de chats, moi...
- Enfin, **la consommation d'énergie liée au numérique** (production, transport, utilisation) **augmente chaque année de 10 %**. Aucun autre secteur ne progresse aussi vite et aussi fort. Cette croissance est énorme mais il faut la rapporter à la consommation énergétique mondiale totale : de 3 % aujourd'hui, on projette qu'elle passera à 5 % d'ici 2025.

Le numérique pèse et va peser sur le changement climatique, bien qu'il ne soit pas apocalyptique en ce qui concerne la consommation d'énergie. Mais il n'est pas non plus la solution annoncée aux économies d'énergie et de ressources.

> « Si nous continuons l'extraction des métaux et terres rares à ce rythme, nous risquons l'impasse technologique. »

Par contre on peut envisager une « apocalypse » dans la consommation des ressources liées au numérique. Aucun secteur ne consomme autant de matières non renouvelables que le numérique. Mon ordinateur contient 40 métaux différents. Nous avons évalué dans notre étude à 184 kg éq. Fe le prélèvement de métaux pour une famille en matière d'appareils numériques. C'est gigantesque ! En comparaison, la fabrication de ma brosse à dents nécessite 0,000008 kg éq. Fe de matières premières, soit 20 millions de fois moins. Il est donc là, le vrai problème : la disponibilité des ressources en métaux à moyen terme. Si nous continuons l'extraction des métaux et terres rares[8] à ce rythme, nous risquons l'impasse technologique du fait de la pénurie de certains éléments[9]. C'est le « peak everything », ou la pénurie physique annoncée pour ces métaux. Par exemple, l'indium, un métal indispensable pour nos écrans tactiles LCD, verra son pic d'extraction atteint en 2030 avant de décliner du fait de l'épuisement des réserves. Comment fera-t-on dans quelques années ? Alors que toute notre vie et nos services publics sont en cours de

7. Jean-Marc Jancovici. https://theshiftproject.org
8. Les terres rares sont un groupe de métaux aux propriétés voisines comprenant le scandium, l'yttrium, et les quinze lanthanides
9. Philippe Bihouix. L'Âge des low tech. Le Seuil, 2014

dématérialisation généralisée : santé, éducation, fiscalité, justice, travail… D'autant que l'extraction de ces métaux a lieu dans des pays plutôt politiquement instables (Congo, Chine, Venezuela…). Rappelons de plus que notre avenir énergétique est basé sur les énergies renouvelables (solaire, éolien) fortement demandeuses de ces métaux. Après la dépendance au pétrole voici venu le temps de la dépendance aux métaux, et plus particulièrement à la Chine qui possède 90 % des réserves de terres rares. Risques d'approvisionnement, tensions sur les prix, conflits, l'avenir de nos sociétés numériques ne s'annonce pas franchement résilient…

> « L'avenir de nos sociétés numériques ne s'annonce pas franchement résilient… »

Les tenants de l'économie circulaire vous diront : « mais pas d'inquiétude, nous allons recycler nos ordis et récupérer les éléments ! ». Eh bien malheureusement, non. On récupère aujourd'hui seulement 3 ou 4 métaux présents dans nos appareils numériques : l'or, le cuivre, l'argent, l'étain. Le reste est perdu[10]. C'est ce qu'on appelle la dispersion des ressources. Le taux de recyclage des métaux est aujourd'hui faible, voire nul pour

Taux de recyclage des métaux

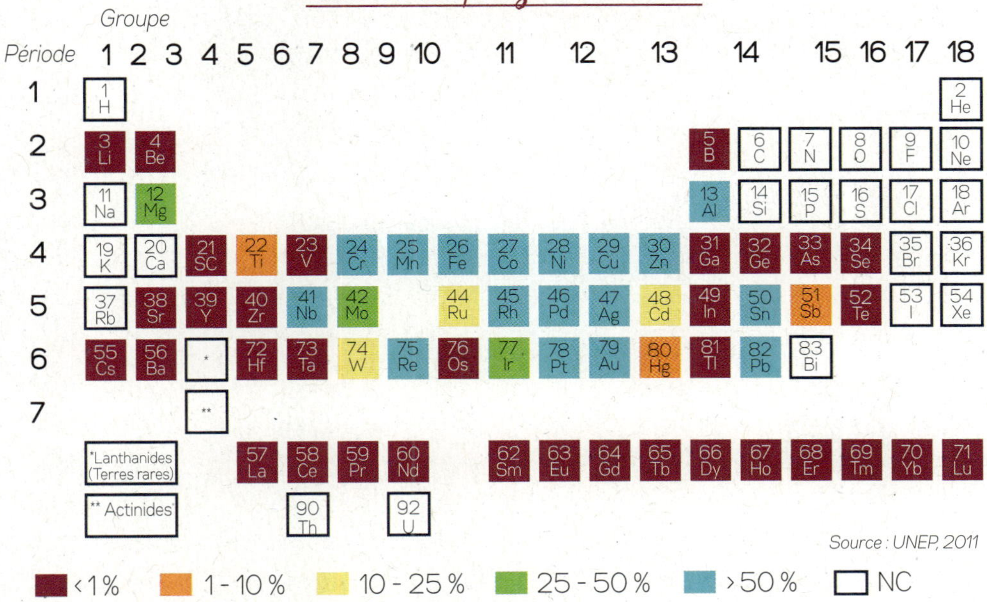

10. Jean-Marc Jancovici. https://theshiftproject.org
11. Socialter, n°28, « L'Âge de métal », avril-mai 2018

la plupart. Il faudrait « *mettre au point les procédés pour extraire ces terres rares souvent présentes en infimes quantités et alliées à d'autres métaux. Le tout sans utiliser trop d'énergie ni produits chimiques pour que l'opération soit rentable et pas trop polluante.* »[11] Le choix se porte donc logiquement sur l'importation des métaux plutôt que leur recyclage beaucoup trop onéreux pour les industriels.

Architecture d'un smartphone, petit extrait des matériaux

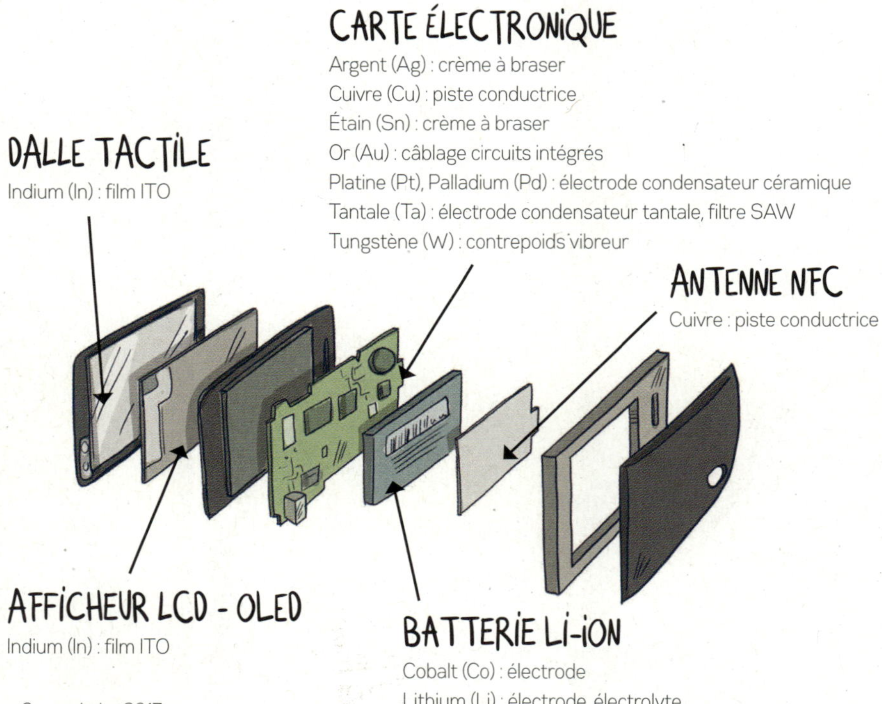

Source : Orange Labs, 2017.

FOCUS

Chaque minute dans le monde c'est :

7 millions de snaps envoyés sur Snapchat / **216 millions** de photos aimées sur **Facebook** / **2,4 millions** de photos aimées sur **Instagram** / **350 000 tweets** sur Twitter, dont 10 000 contenant un emoji / **400 heures de vidéos** téléchargées sur YouTube / **10 000 images** épinglées sur **Pinterest** / **18 000 upvotes** ou downvotes sur Reddit / **1 million** de vues sur **Vine** / **110 000 appels** sur **Skype** / **70 millions de mots** traduits **sur Google** Translate / **830 000 fichiers** téléchargés sur **Dropbox** / **570 000 GIFs** visionnés issus de Giphy / **3,5 millions de textos** aux États-Unis

LES ACTIONS...

Notre schéma NégaWaste pour la conso

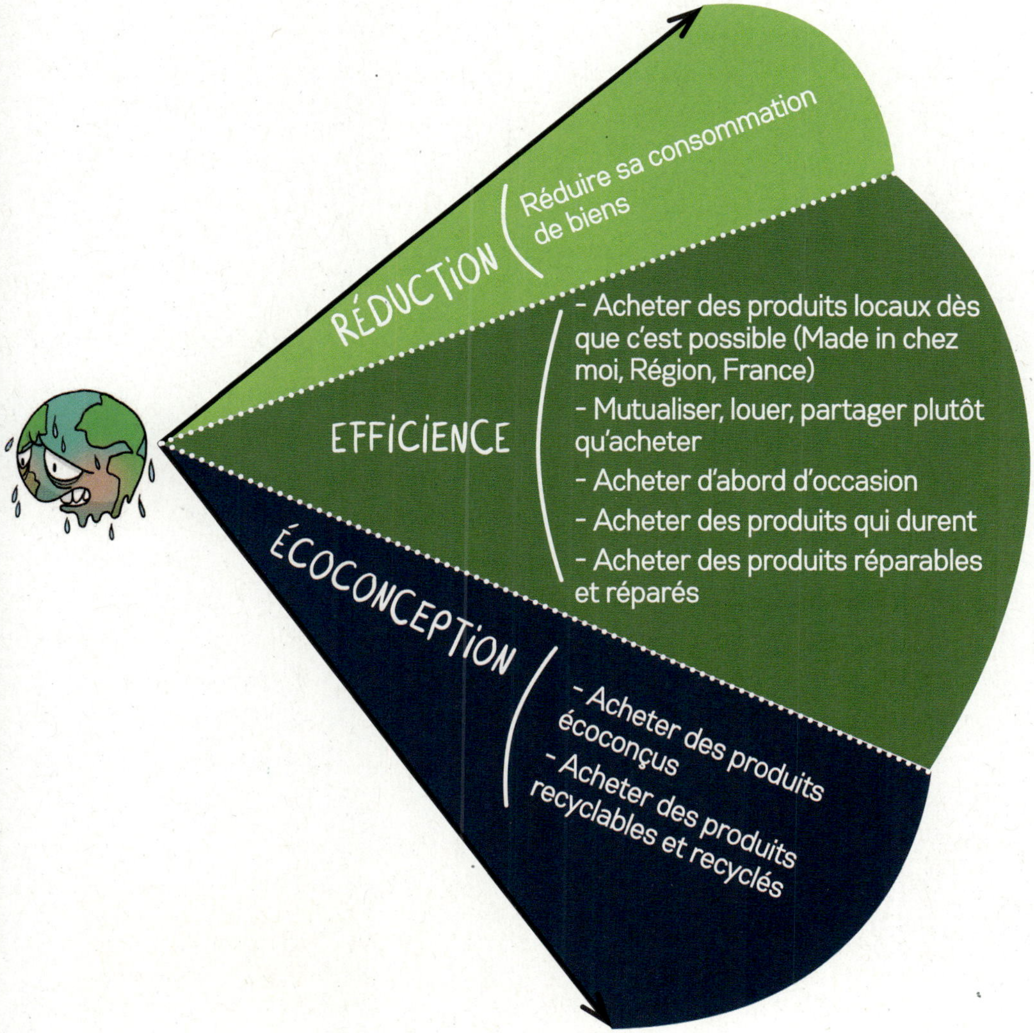

Il n'y a pas à tortiller, il faut d'abord arrêter de consommer comme nous le faisons actuellement... Nous sommes 7,5 milliards d'humains en 2019, nous serons 9 ou 10 en 2050, et entre 12 et 17 milliards en 2100. Le système est déjà impossible à tenir aujourd'hui pour l'humain et son milieu, alors imaginons la catastrophe écologique quand le reste du monde sera au même niveau de consommation que nous, Occidentaux. C'est bien une nécessité aujourd'hui, pour la planète et pour que les communautés humaines survivent dans des conditions acceptables. Et, rappelons-le encore, le recyclage infini est une illusion et n'est pas LA solution magique de demain pour continuer avec le même système de surconsommation. D'abord réduire, réduire, réduire... puis mutualiser, réemployer et enfin écoconcevoir.

« Réduire sa consommation de biens, c'est réduire son empreinte écologique personnelle sur la planète. »

Réduire sa consommation de biens, c'est réduire la quantité de ressources naturelles (minerais métalliques, eau, biomasse, sol...), d'énergie et d'eau nécessaires à la fabrication des produits. C'est-à-dire réduire son empreinte écologique personnelle sur la planète.

Car **en utilisant la méthodologie de l'analyse du cycle de vie de nos produits, on se rend compte que la plupart de leurs impacts environnementaux sont liés à l'extraction, la production de matières premières et la transformation[12].** Nous l'avons vu pour les appareils numériques (90 % de l'impact d'un smartphone se produit au moment de sa fabrication), mais c'est valable pour une majorité de nos biens : habillement, chaussures, mobilier, équipements électriques, objets... Et c'est d'autant plus marqué pour les produits fabriqués en Asie, où l'énergie est en grande partie issue du charbon (60 % du mix énergétique chinois). Les autres étapes de la vie de nos biens de consommation (transport, utilisation, nettoyage...) viennent en second plan, hormis pour les appareils électriques qui nécessitent de l'électricité pour leur utilisation. Avant de parler d'écoconception et de recyclage, qui permettent, certes, de réduire l'impact environnemental des produits, la bonne solution reste donc d'arrêter de surconsommer et surtout d'utiliser le plus longtemps possible nos biens.

12. ADEME. Modélisation et évaluation des impacts environnementaux de produits de consommation et biens d'équipement, 2018. Le rapport est téléchargeable sur https://www.ademe.fr/sites/default/files/assets/documents/acv-biens-equipements-201809-rapport.pdf

Principales phases contributrices par catégorie de produits pour les quatre indicateurs sélectionnés

Phase du cycle de vie	EEE à forte composante électronique	EEE à faible composante électronique	Textile, Habillement (H) et chaussures (C)	Mobilier	Équipement de sport
	Catégorie de produit				
Composition / production des MP	+++	+++	+++	+++	+++
Transport MP	+	+	+	+	+
Mise en forme	+	+	+++(H)/++(C)	+	+++
Assemblage	+	+/++	+(H)/+++(C)	+	++
Distribution (transport)	++	++	+(H)/+++(C)	++	+
Utilisation	++	++/+++	++(H)/-(C)	-	+
Fin de vie du produit	+	+	+	++	+

EEE : équipements électriques et électroniques
MP : matières premières

Source : Compte-rendu du Comité de gouvernance Base Carbone octobre 2017.

Arrêter de consommer nous renvoie évidemment au facteur humain dans toute sa complexité, sa part d'inconscient et ses addictions. Au-delà de la nécessité de se nourrir, se loger, s'habiller, qui sont des besoins essentiels, consommer renvoie à notre vie intérieure. Tout le marketing est basé sur cette dimension psychologique. Il crée le besoin et surtout le manque que seul l'achat peut combler[13]. Il surfe sur nos défaillances narcissiques et notre besoin d'être rassuré par l'achat qui nous conforte dans ce que l'on pense être ou voudrait être. L'achat reflète l'appartenance sociale et ses codes à travers un certain type de vêtements, de boutiques, d'objets. Il apaise notre stress, nos angoisses ou notre tristesse. Il répond à nos désirs et nos failles identitaires : « je veux être comme elle ou je pense être comme lui car j'épouse les mêmes codes vestimentaires et consomme les mêmes d'objets ».

13. Dr Laurent Karila, Annabel Benhaiem. *Accro ! Nouvelles addictions : sexe, internet, shopping, réseaux sociaux... Toutes les clés pour s'en sortir*. Flammarion, 2013

La consommation, les achats font donc écho à nos manies collectionneuses, impulsives, fanatiques, émotionnelles, identitaires. C'est ainsi que le marketing se construit. Même si nous ne sommes pas tous addicts à la consommation, nos achats répondent à nos petites fêlures émotionnelles.

« Et si nos sociétés étaient malades de la consommation ? Bonne question. En tous cas la planète, elle, elle l'est. C'est un signe non ? »

C'est là que ça va être difficile. Comment sortir de la société de consommation si elle renvoie à notre inconscient ? Si elle touche à nos faiblesses ? Il va falloir qu'on se pose la question clé du besoin avant d'acheter : « est-ce un besoin réel ? » et trouver des stratégies pour éviter le piège du shopping. Le Dr Laurent Karila, psychiatre spécialisé en addictologie en donne certaines : « ne pas avoir sa carte bleu ou d'argent sur soi », « faire du shopping avec quelqu'un qui peut nous raisonner », « trouver une alternative au shopping pour combler nos manques ». Ben voui, tiens, jardiner, se balader, jouer, buller, lire, faire du sport... Il y a tellement de choses à faire plutôt que d'acheter, en voilà une bonne solution porteuse de sens et de bons moments ! Le Dr Karila donne aussi une première recommandation plutôt éclairante : « accepter sa maladie ». Et si nos sociétés étaient malades de la consommation ? Bonne question. En tous cas la planète, elle, elle l'est. C'est un signe non ?

Arrêter de consommer c'est aussi remettre en question les trois moteurs de la surconsommation, le triptyque infernal ou la spirale de l'avoir : publicité + crédit + obsolescence. La publicité, le marketing nous donnent envie d'avoir, créent le besoin en nous vendant du rêve, en touchant à nos faiblesses et notre désir d'être quelqu'un. Le crédit, le pouvoir d'achat nous donnent les moyens d'acheter ce que l'on croit être un besoin et crée la monnaie au passage. L'obsolescence met fin au cycle et nous renvoie à la case départ. C'est le cercle vicieux de la croissance basée sur la surconsommation. Que tout encourage : lois internationales sur le commerce, écoles et formations, modèles économiques de développement. Seul l'argent définit les limites de notre consommation. Ainsi, la publicité s'invite dans l'espace public en quatre par trois, sur nos radios, sur nos écrans, s'ouvre en pop-up sur le web, nous suit en permanence via les algorithmes et le data mining. Les marques sont devenues les vecteurs des valeurs de nos sociétés et définissent ce qu'est le bonheur[14]. L'ensemble de nos systèmes économiques et de création de richesses est défini par cette logique. Comme par exemple le dernier-né de nos systèmes économiques qu'est Internet. Il est donc urgent de lutter contre cette omniprésence de la pub[15], cette injonction à acheter, à l'image de la ville de Grenoble qui tend à retirer les panneaux publicitaires. Tout comme il est urgent de traquer l'obsolescence technologique, luttons contre l'obsolescence marketing. **Si on ne s'attaque pas à ce triptyque, il sera difficile de passer à la sobriété collective qui s'impose à nous.**

action 1 : Réduire sa consommation de biens

> « La première des solutions est de réduire notre impact à la source en n'achetant pas. »

Le meilleur moyen de ne pas épuiser les ressources, de ne pas polluer l'eau et de ne pas réchauffer la planète est de ne pas fabriquer les produits en question. La première des solutions est bien de réduire notre impact à la source en n'achetant pas. Ou beaucoup moins, on a le droit au superflu me direz-vous. Bien sûr, faisons-nous plaisir mais entre les 14 147 euros de biens d'équipement, de loisirs, de numériques et d'habillement que nous dépensons en moyenne en France chaque année et rien, il y a une belle marge de réduction sans perdre en confort de vie. Chaque euro dépensé correspond à des émissions carbone, des ressources prélevées, de l'eau polluée. Nous stigmatisons trop souvent l'obsolescence programmée par les fabricants mais nous en sommes les premiers responsables à travers la mode et nos

14. Paul Ariès. Démarque-toi ! Petit manuel anti-pub. Golias, 2004
15. www.casseursdepub.org/

achats trop fréquents et nombreux. Rappelons-nous... moins d'argent dépensé, c'est moins de temps passé au travail à le gagner !

Réduisons aussi nos consommations liées à l'utilisation des produits. Par exemple, pour ce qui concerne le numérique : éteindre (ordi, box), réduire la consommation d'énergie (les vidéos surtout) et réduire son empreinte écologique liée au stockage (mails et surtout les pièces jointes, posts Facebook, etc.). Mais encore une fois, si ces écogestes sont indispensables, c'est qu'ils sont liés à la possession des équipements électriques et électroniques. Moins j'en possède, moins « j'impacte » à l'utilisation !

Action 2 : mutualiser, louer, partager plutôt qu'acheter

Payer l'usage de l'objet plutôt que l'objet lui-même. En voilà une révolution. C'est l'économie de la fonctionnalité. La personne qui vous loue l'objet a tout intérêt à ce qu'il dure le plus longtemps possible, car c'est là qu'elle fait sa marge. C'est l'exemple de la ludothèque, du photocopieur dans l'entreprise, des skis en station l'hiver. Et nous pourrions imaginer ce système appliqué à beaucoup de secteurs : vêtements[16], outils de bricolage et de jardinage, appareils ménagers, mobilier, jeux, etc. Pourquoi acheter individuellement des objets qui passent le plus clair de leur temps à dormir dans nos placards ou notre garage ? Une perceuse, c'est seulement 30 minutes d'utilisation annuelle pour une durée de vie moyenne de 10 ans. Soit 5 heures d'utilisation au total ! Incroyable. Nous devrions passer du statut de consommateur à celui d'utilisateur.

Je rêve d'une bricothèque dans ma rue, où nous partagerions nos perceuses, scies, pinceaux, pour optimiser leur utilisation et réduire le nombre de ces objets. Un lieu qui créerait du lien social. Une cabane à jeux pour les enfants dans le lotissement. Des bornes voitures et deux-roues partout dans les villes. Une surfothèque sur la plage où je pourrais essayer autant de planches que je veux selon les conditions météo et l'océan, plutôt que d'en posséder cinq dans mon garage. Et on se parlerait, on échangerait sur nos impressions dans ce lieu plutôt que de se regarder de travers dans l'eau...

Pour le numérique, nous pourrions utiliser des ordinateurs et des smartphones de location, les réparer, les mettre à jour, bref les garder le plus longtemps possible.

16. https://www.taleme-shop.com/, http://www.trocvestiaire.com/troc-echange/femme-1.html

Quelle économie de matières et un système beaucoup plus résilient pour notre futur en matière d'énergie et de matériaux. C'est ce que propose la société Commown[17] à Orléans, qui loue des PC durables[18] et le Fairphone, un smartphone éthique[19]. Un smartphone fabriqué en partie avec des matériaux responsables prélevés hors de zones de conflits (or, cobalt, tantale, lithium), réparable car toutes les parties sont vissées et remplaçables et enfin éthique car les employés des usines ont un salaire juste. Idem pour le PC qui fonctionne avec un système d'exploitation open source et, surtout, non obsolescent, Linux. **En louant le smartphone et l'ordinateur, en le réparant et en le mettant à jour, en accompagnant les utilisateurs, les économies environnementales sont importantes et le système gagne en résilience. C'est un nouveau modèle économique, plus sobre et durable.**

« Payer l'usage de l'objet plutôt que l'objet lui-même, en voilà une révolution. »

17. https://commown.fr
18. https://commown.fr/achat-location-pc-durable/
19. https://www.fairphone.com/fr/

action 3 : acheter d'abord d'occasion

« L'achat-vente d'occasion est un acte écologique majeur. »

La durée de vie d'un produit est le critère le plus important pour évaluer son impact environnemental. Rappelons-le : utiliser un objet dix ans plutôt qu'un an, c'est diviser par dix son impact sur l'environnement. Quand j'achète d'occasion, j'allonge la durée de vie des objets déjà existants. L'achat-vente d'occasion est donc un acte écologique majeur. Remettons en vente tout ce qui dort chez nous, nos vêtements, nos objets, nos outils... On gagne un peu d'argent, on fait un heureux et on protège les écosystèmes. Elle est pas belle la vie[20] ? Quelques sites pour s'inspirer : *https://donnons.org/, https://vide-greniers.org/, https://www.vinted.fr, https://www.leboncoin.fr*

action 4 : acheter des produits qui durent

Si l'on doit acheter neuf, choisissons les produits les plus robustes. Qui vont durer looooongtemps. On est souvent freiné par le prix des objets. Et tout le marketing actuel est axé sur le prix : « Intermarché, contre la vie chère », « chez Leclerc, vous savez que vous achetez moins cher », etc. Quelle catastrophe pour l'environnement et surtout quelle illusion pour le consommateur. Ils ne sont pas chers car ils sont de mauvaise qualité. Mais ils finissent par nous coûter cher, car on en achète davantage et on les remplace souvent. Oui, une batterie de cuisine en inox ou en cuivre, de qualité, coûte plus cher. Mais elle dure quasiment toute la vie. En pensant au nombre de poêles en Téflon qu'on achète dans sa vie, on a largement de quoi se payer la batterie complète. Mieux vaut penser une consommation responsable à long terme qu'enrichir les distributeurs à court terme.

« Mieux vaut penser une consommation responsable à long terme qu'enrichir les distributeurs à court terme. »

20. *http://riendeneuf.org*

action 5 : acheter des produits réparables et réparer

Tout est devenu jetable. Et pas que les pailles en plastique... Votre voiture a une panne, un accident ou plus de 15 ans ? Ça coûte plus cher de la réparer que de la mettre à la casse. Mieux, vous avez une prime à la casse pour en acheter une autre. Et de toute façon elle ne passera pas le nouveau Contrôle Technique à 400 points. Ou quand l'État encourage l'obsolescence pour relancer la consommation automobile, fleuron de notre croissance économique. Et vous l'avez compris maintenant, ce n'est pas la réduction des émissions au pot d'échappement d'une voiture qui a dix ans qui vont compenser les tonnes de CO_2 émis à la fabrication d'une nouvelle voiture. Aujourd'hui, la réparation revient au goût du jour, dans nos sociétés, à travers les Repair Cafés[21] par exemple. Encourageons nos talents locaux : cordonniers, couturiers, réparateurs d'appareils électroménagers, menuisiers... Ils sont tous sur les Pages jaunes ! À travers l'upcycling aussi, on peut redonner une seconde vie à des produits et des matériaux[22].

action 6 : acheter des produits locaux dès que c'est possible (made in chez moi, région, france)

Si nous voulons réduire l'impact humain majeur de notre consommation, nous devons cesser d'acheter à bas prix des produits fabriqués dans des pays en voie de développement. Compliqué pour l'habillement, l'électronique, les loisirs... Tout est fabriqué ailleurs, en Turquie, en Europe de l'Est, en Asie et surtout en Chine. Dans des conditions que l'on connaît. **Relocaliser nos achats c'est créer de l'emploi ici et c'est réduire l'impact humain là-bas.** Quand nous relocaliserons nos productions et nos achats, nous sortirons de la consommation de masse. Certes aujourd'hui c'est compliqué et il faut avoir une sacrée volonté dans ses recherches. Mais le Made in France existe[23], encourageons-le !

« Relocaliser nos achats c'est créer de l'emploi ici et c'est réduire l'impact humain là-bas. »

21. https://repaircafe.org/fr/
22. upcycling-france.com
23. madine-france.com/fr/

action 7 : acheter des produits écoconçus

Consommer local, c'est aussi agir pour de meilleures conditions de production. Les conditions de travail, les démarches d'écolabels et les différentes législations sont plus développées et efficaces en Europe. Prenons l'exemple des meubles : *« la fabrication intégrale des meubles en Asie par rapport à une fabrication majoritairement européenne peut aller jusqu'à tripler les valeurs d'indicateurs d'impact »*[24]. Bois issu d'une forêt gérée durablement, énergies renouvelables et non-utilisation du charbon, matériaux recyclés, comme les mousses et les textiles, transport des produits... Voici comment un meuble français écoconçu réduit son impact par trois. Les labels permettent de garantir l'effectivité de ces mesures dans la production de nos biens. Il existe une forêt de labels pour les différents secteurs, retrouvez le guide sur http://www.mescoursespourlaplanete.com/Labels/

24. ADEME. Modélisation et évaluation des impacts environnementaux de produits de consommation et biens d'équipement, 2018. Le rapport est téléchargeable sur https://www.ademe.fr/sites/default/files/assets/documents/acv-biens-equipements-201809-rapport.pdf

Action 8 : acheter des produits recyclables et recyclés

La fin de vie compte finalement peu dans l'impact d'un produit au cours de son cycle de vie, que ce soit en termes d'émissions carbone ou de rejets toxiques dans le milieu. L'intérêt d'acheter des produits recyclés est pourtant réel. Cela permet : un, de réduire les déchets incinérés ou enfouis, et deux, de donner une seconde vie à certains matériaux. Dans certains cas, utiliser des matériaux issus du recyclage permet de réduire l'impact du produit. C'est le cas par exemple des tee-shirts en coton ou en polyester : *« L'utilisation de coton recyclé permet de réduire les impacts environnementaux (par rapport au coton vierge) sur l'ensemble des indicateurs étudiés (réchauffement climatique, eutrophisation, épuisement des ressources minérales et fossiles, effets respiratoires, et demande en énergie cumulée). La réduction des impacts varie de 63 à 98 % pour le coton recyclé issu du traitement de déchets de production textile, et de 72 à 99 % pour le coton recyclé issu du traitement de déchets textiles post-consommation »*[25]. Rappelons une nouvelle fois que cette économie circulaire ne devrait intervenir qu'après avoir réduit, réemployé et réparé. Mieux vaut ne pas acheter qu'acheter un tee-shirt recyclé. Surtout quand j'en ai déjà 25 dans mon armoire...

« Mieux vaut ne pas acheter qu'acheter un tee-shirt recyclé. Surtout quand j'en ai déjà 25 dans mon armoire... »

25. ADEME. Modélisation et évaluation des impacts environnementaux de produits de consommation et biens d'équipement, 2018. Le rapport est téléchargeable sur https://www.ademe.fr/sites/default/files/assets/documents/acv-biens-equipements-201809-rapport.pdf

-CHAPITRE 11-

MA TRANSITION PUBLIQUE

Quelle chance ! Nous vivons en France. Non, pas que pour le fromage et le vin... Rhoooo... ce qu'on peut être primaire parfois. Nous avons des médecins pour tous, des écoles publiques pour tous, une justice pour tous ! C'est juste inimaginable pour la majorité des personnes qui vivent sur la planète. Même celles habitant dans les pays dits développés. Soixante millions de personnes aux États-Unis n'ont pas de couverture santé et la consultation chez un médecin peut coûter jusqu'à 200 dollars. Que dire de la justice à travers le monde ? La violation des droits humains est une constante sur tous les continents. Et plutôt que de renforcer et défendre la justice, les mesures d'austérité décidées par les gouvernements occidentaux lui retirent ses moyens et la fragilisent dangereusement[1]. **Ne laissons pas les prédateurs continuer à se découper le gâteau de nos droits : santé et hôpitaux privés, éducation et grandes écoles privées, transports et TGV privés, fournisseurs d'énergie privés, etc., les pactoles des privatisations sont énormes.** Et les conséquences sur les inégalités et la paix sociale tout autant. Alors défendons-les et accompagnons-les dans une démarche de Transition écologique !

Notre sixième impact

Services publics	Valeur moyenne pour une famille de 4 personnes/an	Émission CO_2 (kg éq. CO_2/an)
Santé	9 376	1 125
Éducation	5 764	692
Dépenses de consommation des administrations publiques en biens et services individualisables (transport, justice, déchets...)	5 418	304
Dépense de consommation des ISBLSM (Institutions sans but lucratif au service des ménages)	2 764	867
TOTAL :	23 322 €	2 988 kg

Sources : Facteurs d'émission : ADEME Base Carbone.

1. https://amnestyfr.cdn.prismic.io/amnestyfr%2Fc788e69b-ba85-4ba2-8c44-adfd8dd2e9d5_pol1067002018french.pdf

UN FAIBLE IMPACT POUR LES SERVICES RENDUS

Avec un impact de 2 988 kg éq. CO_2 émis par an et par Français, les services publics sont donc le dernier poste d'émissions carbone de notre vie quotidienne. C'est l'équivalent de la moitié des émissions annuelles d'une des voitures de notre foyer familial. Rendons-nous compte, pour 2 988 kg éq. CO_2 par an, nous avons des droits élémentaires assurés : santé, éducation, justice, transports collectifs... Les secteurs de la santé et de l'enseignement présentent la plus faible intensité carbone de notre bilan familial annuel : 120 g éq. CO_2 par euro dépensé (hors amortissement énergétique des bâtiments et déplacements des élèves). **C'est la bonne nouvelle : proportionnellement aux services qu'ils nous rendent, leur impact sur le changement climatique est plutôt relatif !** L'impact carbone de ces deux secteurs est surtout dû à leur forte consommation énergétique. Ils représentent « *environ 12 % des consommations d'énergie du secteur tertiaire pour la santé (en particulier pour le chauffage et la climatisation) et 20 % pour l'éducation* »[2]. Ces secteurs constituent donc des gisements d'économie d'énergie. L'isolation des bâtiments et le développement de l'autonomie énergétique des bâtiments publics peuvent amener à réduire fortement leur impact carbone.

> « En matière de Transition écologique, les services publics sont soumis aux mêmes problématiques que celles des individus. »

En matière de Transition écologique, les services publics sont soumis aux mêmes problématiques que celles des individus : alimentation en circuits courts, zéro déchet, énergies renouvelables, transports doux, sobriété numérique, etc.

Même si on peut parfois se poser la question :

- Le marché de l'alimentation des hôpitaux et des écoles est dominé par des fournisseurs industriels de type Sodexo. Ce qui n'est pas forcément le top pour le rétablissement des malades quand on sait le rôle que joue l'alimentation sur le mental et sur le corps, comme par exemple l'effet d'une alimentation cétogène dans le soin du cancer ou du diabète[3]. Humm... la barquette plastique sous vide de patates à l'eau et semelle de rôti, un bonheur pour les papilles,

2. ADEME. *https://www.ademe.fr/alleger-lempreinte-environnementale-consommation-francais-2030-synthese*
3. *https://www.lanutrition.fr/bien-dans-son-assiette/les-regimes-sante/le-regime-cetogene*

les cellules et le moral ! Et que dire de la cantine de l'école ou de l'interdiction d'y amener des gâteaux faits maison... En matière d'alimentation, dans le public comme dans le privé, les normes d'hygiène et de sécurité sanitaire favorisent les entreprises industrielles. **À quand des appels d'offres publics en circuits courts, des fournisseurs écologiques, des soutiens aux coopératives locales avec attribution des marchés publics au secteur de l'économie sociale et solidaire ?** Cet hygiénisme poussé à son paroxysme a favorisé le développement des kits de soins suremballés et une production de déchets du secteur de santé phénoménal. Les établissements de santé produisent 3,5 % de la production nationale de déchets, c'est en moyenne une tonne de déchets produite par lit chaque année ! Sous couvert de salubrité et d'hygiène, les normes et protocoles ont explosé, au profit d'un business de la santé florissant. Pour arriver à un excès qui est un non-sens aujourd'hui, dénoncé par le personnel de santé lui-même.

À l'école, les tablettes se généralisent et sont présentées comme LE progrès incontournable et inévitable. Difficile d'émettre un avis contraire quand on est parent d'élève en ce moment. Je m'en suis bien rendu compte à la dernière réunion quand j'étais seul à cocher la case « ne souhaite pas ramener la tablette à la maison ». Selon un sondage OpinionWay pour le ministère de l'Éducation nationale de novembre 2012, 92 % des parents d'élèves pensent que c'est une bonne chose ! Plutôt que de favoriser le partage dans des lieux collectifs, l'école fournit une tablette individuelle par enfant. Allant ainsi à l'encontre de la nécessité actuelle de sobriété numérique et de lien social. Mais quel intérêt, hormis le formidable marché que représente l'école pour Apple et Microsoft et la fabrication de futurs accros aux écrans? On a vu mieux comme décision écologique, mais aussi éducative : les tablettes ne sont pas le miracle annoncé qui réduira l'échec scolaire[4] ! Quelle illusion ! Nous sommes en train d'encourager les addictions de nos enfants dans un lieu éducatif. Un écran de plus dans leur vie. On ferait mieux de les éduquer à ne pas en être dépendant et leur apprendre à comprendre et décrypter les médias et les infos sur les réseaux sociaux. Mais comme toujours, difficile d'aller contre le discours actuel sur le progrès numérique. Nos enfants ont même des ateliers sur les robots et l'intelligence artificielle...

« Une Transition écologique des services publics est possible. Elle permettrait de renforcer la Transition en lui donnant des bases économiques fortes, l'État jouant son rôle de moteur et d'exemple.»

Une Transition écologique des services publics est possible. Elle permettrait de renforcer la Transition en lui donnant des bases économiques fortes, l'État jouant son rôle de moteur et d'exemple. Nous en sommes à l'opposé actuellement : austérité et privatisation entraînent un désinvestissement des pouvoirs publics et la croissance verte un noyautage par les tenants du business.

Et moi, citoyen, quels sont mes leviers personnels pour faire la Transition des services publics ? Suis-je complètement impuissant ? En tant qu'usager des services publics, je peux agir.

4. Philippe Bihouix, Karine Mauvilly. Le Désastre de l'école numérique. Le Seuil, 2016

RÉDUIRE L'UTILISATION DES SERVICES DE SANTÉ À LA SOURCE

action 1 : Réduire ma consommation de soins et de médicaments

L'industrie pharmaceutique est une très grande consommatrice d'énergie et une grande source de pollution du cycle de l'eau. En amont, la fabrication de médicaments est source de rejets de nombreuses molécules dans le milieu. En aval, nos rejets humains et les effluents hospitaliers sont des sources de contamination des eaux de surface et souterraines[5]. Réduire notre consommation à la source de médicaments, c'est réduire l'émission des gaz à effet de serre, la production de déchets dangereux et les pollutions dans le cycle de l'eau. De plus, nous pourrions donner une plus grande place aux médecines douces pour la santé du quotidien.

action 2 : Réduire mon alimentation industrielle

Dans son bulletin mensuel de septembre 2016 consacré aux répercussions économiques de l'obésité, la direction générale du Trésor, au ministère de l'Économie et des Finances, estime le coût social total (coûts de santé, diminution de production due aux arrêts de travail, etc.) à 20,4 milliards d'euros par an, derrière les conséquences économiques du tabac (26,6 milliards d'euros) mais devant

5. http://www.ecotoxicologie.fr/medicaments.php

celles de l'alcool (15 milliards d'euros)[6]. Et l'évolution est à la hausse : + 4 % de personnes obèses en plus, par an ! La France pourrait compter 33 millions de personnes obèses ou en surpoids en 2030, contre 24,6 millions en 2012. Et que dire des coûts de traitement du diabète qui en découle ?

« Nous ne payons pas le vrai prix des aliments industriels. Pas leur vrai prix pour la santé, pour l'écosystème, pour nos emplois... »

Nous ne payons pas le vrai prix des aliments industriels. Pas leur vrai prix pour la santé, pour l'écosystème, pour nos emplois... Quand l'industrie agroalimentaire paiera-t-elle le vrai coût de son enrichissement ? Quand ces sociétés aux chiffres d'affaires colossaux rendront-elles des comptes ? En attendant, pour agir à notre niveau, ne consommons plus d'aliments industriels et améliorons notre hygiène de vie. Alimentation équilibrée à partir de produits bruts, non ultratransformés, et activité physique régulière sont donc la meilleure prévention pour allier santé et réduction de l'impact du secteur de la santé sur le réchauffement climatique et les pollutions du cycle de l'eau.

Action 3 : Réduire mes transports

Selon le rapport sénatorial rendu public le 15 juillet 2015, le coût de la pollution atmosphérique en France est estimé à 100 milliards d'euros par an. Ce chiffre intègre le coût sanitaire, mais aussi les coûts liés aux dommages de la pollution sur les bâtiments, les écosystèmes et l'agriculture[7]. Selon ses estimations, le coût sanitaire serait d'au moins 68 milliards d'euros par an, cette somme servant à couvrir la prise en charge des maladies respiratoires et cardio-vasculaires, ainsi que des cancers dus à la pollution (traitements, arrêts-maladie...). Pour les urbains, prendre le vélo, c'est coup double ! J'entretiens ma santé et je réduis les coûts financiers et écologiques de la pollution de l'air.

6. Lettre Trésor-Éco, n° 179, septembre 2016 https://www.tresor.economie.gouv.fr/Articles/2016/09/06/tresor-eco-n-179-obesite-quelles-consequences-pour-l-economie-et-comment-les-limiter
7. https://www.santemagazine.fr/actualites/le-cout-exorbitant-de-la-pollution-191338

LES ACTIONS SUR L'ÉDUCATION

AGIR ET FAIRE PRESSION

L'école est un lieu de vie où nous retrouvons les mêmes flux clés et impactants de notre vie familiale quotidienne : l'énergie, l'eau, l'alimentation, les déchets, les biens de consommation. L'école est une microsociété qui pourrait être un lieu à valeur d'exemple. Un modèle de Transition. Rendant à l'école toute sa fonction éducative et son inclusion dans le tissu social local. Des établissements scolaires ouverts aux associations et entreprises locales. C'est ce que les TAP (temps d'activités périscolaires) étaient censés amener mais, imposés par le haut et sans moyens matériels et humains, ils ont été un échec. Un lieu d'apprentissage des circuits courts, du zéro déchet, du compostage, de l'écoconstruction, de l'autosuffisance énergétique, de la décision partagée, de la gestion sobre des ressources. Où les matières manuelles se partagent avec les activités cérébrales dans une pédagogie appliquée. Le savoir, les mots, les concepts, les valeurs... sont-ils en Transition ? L'éducation actuelle est-elle adaptée aux enjeux du XXIe siècle ? Autrement dit, prépare-t-on les enfants à la société, au mode de vie et aux métiers de demain ?

Nous pourrions imaginer un label validant un cahier des charges. Tout comme le label Écolo crèche[8] par exemple qui valide des actions sur les déchets, les produits chimiques, les jeux. À quand un label de Transition pour les écoles ? Pas un pseudo-label tout vert, mais un vrai, un complet, associant les acteurs du territoire à la décision, de l'investissement financier à la réalisation. Oui c'est une révolution de l'école qu'il faudrait. C'est justement ce que le XXIe siècle nous invite à faire : repenser l'école pour l'adapter à cette nouvelle société relocalisée, sobre et partagée.

> « L'école est une microsociété qui pourrait être un lieu à valeur d'exemple. Un modèle de Transition. Rendant à l'école toute sa fonction éducative. »

8. http://www.ecolo-creche.fr

Voici ce que pourrait constituer le label École en Transition pour des enfants citoyens autonomes (on voit bien comment faire des maths et du français au passage...) et pour lequel nous devons nous mobiliser et faire pression :

1. UNE ALIMENTATION EN CIRCUITS COURTS :

- **apprendre et expérimenter** la permaculture, de la semence à l'assiette, autoproduire en partie, composter, nourrir les poules.

2. ZÉRO DÉCHET :

- **une école « presque » Zéro Déchet** avec des fournitures et des jeux durables, rechargeables, réparables et recyclables ;
- **une école zéro plastique** avec des objets en métal, en bois, en verre, en inox ;
- **une école de l'upcycling et de l'écoconception :** meubles, chaises, jeux d'extérieur ;
- **une école zéro émission toxique :** peintures, meubles, produits d'entretien.

3. ÉNERGIE : CHAUFFAGE, ÉCLAIRAGE

- **une école écoconstruite** en matériaux locaux ou écorénovée pour une faible consommation de chauffage. Une école autonome et économe en énergies renouvelables : éolienne, solaire, géothermie...

4. EAU : TOILETTES SÈCHES, RÉCUPÉRATION D'EAU DE PLUIE, ZÉRO REJET POLLUANT.

- **une école autonome** en eau et qui ne rejette aucun toxique dans le cycle de l'eau.

Et là, tout le monde s'exclame : « avec les normes, c'est juste impossible, on fait comment ? » Alors que les vraies questions sont plutôt : « Qui a mis les normes en place ? » Et bien sûr : « À qui profitent-elles ? » Imposer les gâteaux industriels à l'école plutôt que ceux faits maison, à qui cela profite ? Imposer des protocoles de nettoyage avec des produits chimiques en pagaille, à qui cela profite ? Nous lavons nos écoles avec des produits nocifs pour la santé de nos enfants. Nous peignons nos écoles avec des produits toxiques. Nous nourrissons nos enfants avec des produits mauvais pour leur santé et pour l'écosystème. C'est incroyable, nous marchons à l'opposé de l'intention annoncée au départ. Et c'est légal. Voilà la puissance des lobbies en France et comment, pour le profit, nous ne respectons même pas nos propres enfants.

« L'ÉCOLE DE DEMAIN NE SERVIRA PLUS À APPROVISIONNER LES GÉNÉRAUX EN CHAIR À CANON OU LES CHEFS D'ENTREPRISE EN CHAIR À PROFIT ; ELLE AIDERA DES HOMMES À SE CONSTRUIRE EUX-MÊMES AU CONTACT DES AUTRES. » Albert Jacquard [9]

« La Transition éducative nous invite à former des citoyens autonomes, et non productifs. »

La Transition éducative nous invite à former des citoyens autonomes, et non productifs, en expérimentant la Transition à l'école. Former des citoyens de demain. Les matières sont enseignées à un niveau d'exigence très élevé, comme si nous allions tous devenir des ingénieurs. Et pourtant l'école est synonyme d'échec pour 25 % des élèves à la sortie du collège ! Des élèves qui n'ont pas le niveau en lecture et en écriture et à qui on a pourtant enseigné Thalès et Rousseau. Des élèves qui ne reconnaissent pas deux tiers des légumes qu'ils mangent et encore moins les oiseaux ou les arbres qui les entourent. Et si les matières éducatives permettaient surtout aux enfants d'apprendre les bases – lire, écrire, compter –, mais aussi se complétaient de l'apprentissage de matières essentielles aux communautés humaines : l'agriculture, la couture, la réparation, la cuisine, la construction... Quel intérêt pour un futur boulanger ou maçon de suivre le même cursus que le futur banquier ou ingénieur ? Redonner place aux matières qui enseignent la vie et la satisfaction de nos besoins réels : se nourrir, se loger, se vêtir. Savoir cultiver des espèces qui nous permettront de créer nos matières textiles, savoir reproduire les semences endémiques ancestrales, connaître les matières locales qui nous permettront de construire nos maisons écologiques passives de demain... bref former les générations futures à nos sociétés résilientes de demain. Que le modèle de réussite sociale ne soit pas l'ingénieur, le pilote ou le riche P.-D.G. d'une grande entreprise. Que chaque humain retrouve une place et une utilité faisant la part belle à ses compétences et envies. Renverser le modèle social de la réussite : réussir, c'est avoir une compétence qui fait sens pour la communauté humaine locale. Un métier manuel sera essentiel pour notre avenir et la société de demain. Que les jeunes ne soient plus à courir après les écoles privées de commerce ou à se perdre à l'université par défaut, mais qu'ils se réalisent personnellement autour d'un métier

9. Albert Jacquard. J'accuse l'économie triomphante. Calmann-Lévy, 1995

souhaité. Plus de 80 % des Français ne font pas le métier qu'ils auraient voulu faire ! Et 9 Français sur 10 souhaiteraient se reconvertir[10]. Bref que l'école ne soit plus soumise au diktat de l'économie et des besoins de main-d'œuvre mais un lieu de réalisation personnelle. Et si nous trouvions « le verbe de notre vie », plutôt que l'emploi[11]. Encore faut-il en avoir le temps. Le temps du développement personnel que l'on ne laisse pas aux adolescents au collège et lycée, obligés de se lever à 6 h 30 pour assister dès 8 h à des cours qui ne les intéressent pas. L'école ou la machine à broyer les vocations et la réalisation personnelle, machine à créer des adultes qui ne se connaissent pas eux-mêmes. Combien de jeunes arrivent au bac sans savoir ce qu'ils veulent faire ? Le temps des matières en silo et calibrées à l'heure n'est pas le temps de l'apprentissage d'un savoir-faire : pourrait-on prendre trois jours pour cultiver la terre parce qu'on l'a choisi ? Pourrait-on avoir le temps de planter et travailler le chanvre et le lin qui feront nos vêtements parce qu'on aime travailler les fibres et le tissage ? Avoir le choix de sa matière et de son temps pour devenir des adultes épanouis, qui se réalisent et sont autonomes.

« Renverser le modèle social de la réussite : réussir, c'est avoir une compétence qui fait sens pour la communauté humaine locale. »

« L'ÉDUCATION DOIT PROMOUVOIR À LA FOIS LE DÉVELOPPEMENT DE L'INDIVIDUALITÉ ET CELUI DE LA SOCIÉTÉ. LA SOCIÉTÉ NE PEUT PAS SE DÉVELOPPER SI L'AUTONOMIE DES INDIVIDUS NE PROGRESSE PAS. » *Maria Montessori.*

10. Sondage réalisé par le groupe AEF. http://www.lefigaro.fr/social/2017/11/23/20011-20171123ARTFIG00013-insatisfaits-de-leur-travail-les-francais-souhaitent-majoritairement-se-reconvertir.php
11. Sarah Roubat. Trouve le verbe de ta vie : lettre à un ado. La Nage de l'Ourse, 2015 dans https://mrmondialisation.org/demain-le-metier-ne-sera-pas-necessairement-le-centre-de-nos-vies-interview/

-CHAPITRE 12-

BEN ET MON TRAVAIL ? MA TRANSITION PROFESSIONNELLE

JE SUIS DEUX : PRO ET PERSO

Lorsqu'on envisage une action de Transition écologique perso afin de réduire ses émissions de CO_2, il est bien difficile de ne pas se poser la question de son impact professionnel. Que l'on soit banquier : quel intérêt si l'ensemble des placements financiers que j'ai réalisés en une journée équivaut à mon impact carbone personnel de l'année ? Que l'on soit chef de chantier : quel intérêt si les chantiers de construction que je dirige génèrent plus d'émissions en un bâtiment que toute ma famille en 50 ans ? Que l'on travaille dans la mode : quel intérêt si la collection « automne » déverse plus de kilos de produits chimiques dans le cycle de l'eau que l'ensemble de pollutions de ma vie perso entière ?

« Il faut bien gagner sa vie ! Quitte à y perdre ses valeurs, sa santé et son temps… »

En matière de Transition écologique, « je suis deux » dirait mon psy. Pro et perso. Cette schizophrénie est très souvent difficile à supporter. Le travailleur et la personne privée. L'employé de la grande distribution se télescope avec le parent qui veut donner du bio et local à son enfant. On a de quoi être perdu ou découragé. Voire pour certains – et c'est plutôt pratique – complètement dédouané de faire quoi que ce soit. Le CEO *(Chief Executive Officer)* de chez Coca qui nous raconte sur le plateau d'Élise Lucet qu'il est écolo dans son travail, lui, n'a aucun problème : le montant de son salaire permet de perdre toute notion de dualité personnelle.

Mais pour tous ceux d'entre nous qui sont dans le système actuel, le subissent et voudraient en sortir, c'est une autre musique. Car « il faut bien gagner sa vie » ! Quitte à y perdre ses valeurs, sa santé et son temps. Comme nous le rappelle Cyril Dion, gagner sa vie constitue une des trois architectures constitutives de notre vie actuelle[1]. Pas sûr que la plupart des Français continueraient leur travail s'ils en avaient le choix. Car dans notre société du travail industriel, du management productif et de la standardisation, nos boulots ont un fort impact environnemental et sont très souvent dénués de sens. *Bullshit job* quand tu nous tiens. La recherche du SENS dans son travail est devenu l'enjeu numéro un des salariés et... des managers. La Transition écologique peut être une opportunité de coupler sens et utilité. Ralentir, relocaliser, servir à quelque chose pour la communauté humaine locale. Mettre ses compétences personnelles au service des autres et pas d'invisibles actionnaires.

LE TRAVAIL, UNE INDISPENSABLE TRANSITION

Le contexte économique devient intenable pour la planète et les humains. Les taux de chômage sont de 10 % en moyenne en Europe, ou cachés par de la sous-activité et de la précarité au travail. Ce chômage est un chômage structurel inhérent au système économique mondialisé. Que les gouvernements tentent de juguler par des mesurettes, tout en favorisant en parallèle la dérégulation à toutes les échelles. En attendant, la précarité continue d'augmenter : 4 à 5 millions de ménages sont en situation de précarité énergétique en France et 8,9 millions de personnes vivent en dessous du seuil de pauvreté. Les inégalités s'accentuent d'une manière indécente, 25 % d'enrichissement personnel chaque année pour les quelques milliardaires en haut de l'échelle sociale française. Et quelles sont les réponses ?

1. De la croissance pour relancer l'activité économique et l'emploi. Et si elle est verte, on l'acceptera encore mieux. Nos milliardaires se frottent les mains, ils sont aux commandes.

2. Des contraintes sous forme de fiscalité, quotas, normes, règlements. Taxe carbone depuis abandonnée, TGAP (Taxe Générale sur les Activités Polluantes), TICPE (Taxe Intérieure de Consommation sur les Produits Énergétiques) augmentées,

1. *Les deux autres architectures sont le divertissement et les lois. Cyril Dion. Petit manuel de résistance contemporaine. Actes Sud, 2018*

taxe diesel, etc. On ne change pas le système mais on contraint. Qui ? Les citoyens et les travailleurs. Résultat : les gilets jaunes font l'actualité, ce qui est logique : on augmente le prix de l'énergie sans donner en parallèle les moyens de réduire la dépendance aux énergies fossiles. Et la Transition écologique devient le loup à abattre.

En résumé, c'est le statu quo et une insécurité sociale toujours plus forte[2].

Nous le répétons au fil des chapitres, le changement doit être structurel et profond. L'État doit mettre en œuvre un plan volontaire massif d'investissement et de soutien à la Transition économique[3]. Nous devons passer d'une économie de la spéculation à une économie de l'investissement. Une des clés principales étant le développement local. Imaginons la création d'emplois liée à la transition alimentaire : agriculture locale pour répondre aux besoins locaux, semences, maraîchage, conserverie, transformation en tout genre, cuisines collectives, distribution, commercialisation, compostage... Imaginons la relocalisation de la production du textile. Imaginons la gestion locale et collective de la production d'énergie, de la construction de nos maisons, de la production de biens d'équipement de la maison. La Transition est un biais fantastique pour créer de l'emploi. Selon Fermes d'Avenir[4] et The Shift Project[5], ce sont 200 000 emplois créés en 10 ans dans le secteur de l'agriculture-alimentation et assistance à l'économie de ressources (conseils en isolation, en construction, en équipement électrique, etc.). La Commission mondiale pour l'économie et le climat dans son nouveau rapport publié le 5 septembre 2018 et remis au secrétaire général des Nations Unies, António Guterres, chiffre à 26 000 milliards de dollars et 65 millions d'emplois d'ici 2030 la Transition écologique[6]. Les filières ont été délocalisées, standardisées, ultramécanisées et nous avons perdu un nombre inacceptable de nos emplois. À la sectorisation et la standardisation de notre travail et de nos emplois, nous pourrions opposer une organisation avant tout locale et régionale. Voire nationale et internationale pour des secteurs plus lourds en technologies et financements. Mais quel formidable levier de création d'emplois locaux pour les populations, là où les grandes entreprises

2. Robert Castel. L'Insécurité sociale. Qu'est-ce qu'être protégé ? La République des idées, 2003
3. https://www.cairn.info/revue-études-2012-4-page-439.htm?1=1&DocId=280593&hits=3985+3984+6+5+#no12
4.https://fermesdavenir.org/
5. https://theshiftproject.org
6. https://www.novethic.fr/actualite/environnement/climat/isr-rse/lutter-contre-le-changement-climatique-rapporterait-26-000-milliards-de-dollars-d-ici-2030-et-creerait-65-millions-d-emplois-146275.html

ont délocalisé tous les secteurs et étapes de la production ailleurs pour des soucis de rentabilité. Ne laissant à l'économie locale que des emplois en logistique dans les dépôts et de vente en magasin[7]. Et cela se généralise dans les services : qui n'a pas déjà constaté que le service après-vente en ligne que l'on avait contacté était localisé à Madagascar ou au Maroc ? Après le chômage des cols bleus a démarré le chômage des cols blancs.

« À la standardisation de notre travail, opposons une organisation locale. »

Nous avons les fonds pour financer ce plan Marshall de la Transition économique, nous devons en reprendre le contrôle :

- **sortir du système centralisé de la Banque Centrale Européenne et du Fonds Monétaire International** qui imposent leurs décisions aux peuples, et vont à l'encontre d'un système basé sur des garanties sociales et le respect de l'environnement.
- **mettre en place la taxe sur les transactions financières.** Il y a actuellement 10 fois plus de transactions financières et monétaires mondiales que de PIB (700 000 milliards contre 70 000). Une taxe de 5 % sur toutes ces transactions perçues directement par les banques représenterait 35 000 milliards de fonds disponibles pour financer la Transition. *« Pour mémoire, en France, le PIB en 2013 a été de 2 539 milliards d'euros ; sur 25 400 milliards d'euros de flux financiers une taxe de 5 % représenterait 1 270 milliards. Cette même année, le budget de la France avait été de 386 milliards d'euros de recettes et de 455 milliards de dépenses »*[8]. **Le grand débat de la fiscalité doit d'abord se poser en termes de recettes et non de dépenses. C'est-à-dire récupérer notre argent qui s'évade de l'économie réelle par les jeux fiscaux et la spéculation, plutôt que de mettre en place des mesures d'austérité.**
- **percevoir enfin les impôts des multinationales** qui ont accaparé tous les secteurs générateurs de richesses : construction, alimentation, finance, biens de consommation...

7. Rob Hopkins, Lionel Astruc. *Le Pouvoir d'agir ensemble, ici et maintenant.* Actes Sud, 2015
8. Yann Moulier-Boutang, Professeur des universités en sciences économiques, Université de Technologie de Compiègne (UTC) - Sorbonne Universités dans http://www.toutpourchanger.com/quel-futur-pour-lemploi-et-le-salariat-2-une-autre-vision-du-travail-et-des-revenus/

- **créer ces banques locales coopératives et citoyennes** dont nous avons besoin en territoires pour ces investissements massifs.

« Récupérer l'argent qui s'évade de l'économie réelle plutôt que mettre en place des mesures d'austérité. »

Nous pourrions ainsi financer ce gigantesque plan de Transition vers des filières d'avenir locales et résilientes. Le plan de financement de l'économie sociale et solidaire (ESS) mis en place par le gouvernement dans son Pacte de croissance pour l'ESS de novembre 2018[9] à hauteur de 150 millions d'euros est donc très insuffisant. Le mot est faible. Aujourd'hui l'Économie Sociale et Solidaire pèse pour 10 % du PIB et 12,7 % des emplois privés en France[10]. Prenons un exemple parmi d'autres pour réaliser le peu de soutien que cela représente : l'exonération fiscale du kérosène nous coûte 800 millions d'euros par an, soit 5 fois plus. Ce soutien de l'État est indispensable pour renforcer la capacité de PME à se développer dans le sens d'un nouveau modèle d'entreprise de type coopératif.

9. https://www.economie.gouv.fr/cedef/economie-sociale-et-solidaire
10. https://www.economie.gouv.fr/ess-economie-sociale-solidaire

LES ACTIONS...

« En choisissant de travailler autrement nous pouvons être un levier. »

En attendant cette Transition d'intérêt général, douce et démocratique, ou des émeutes généralisées en gilet jaune, nous pouvons à notre niveau impulser le changement par notre travail. En choisissant de travailler autrement nous pouvons être initiateur, un levier. En se projetant dans de nouvelles formes d'organisation, de décision et de création de richesses. Ce, par trois leviers personnels :

action 1 : entreprendre autrement

Nous pouvons envisager l'entreprise sous un autre jour. Loin de la responsabilité sociétale des entreprises (RSE) qui, au mieux, amènera quelques gestes écologiques mais ne résout pas le problème. Entreprendre en préservant le capital humain et naturel pour répondre aux urgences de la Transition.

Ce nouveau type d'organisation – les entreprises sociales et écologiques[11] – se développe et le mouvement de l'économie sociale et solidaire en est un grand pourvoyeur[12]. Nous pouvons les définir selon trois axes clés tels que décrits dans la loi Hamon de 2014 : un but autre que le partage des bénéfices, une gouvernance démocratique (associés, salariés, parties prenantes) et une gestion non spéculative des bénéfices et des réserves. Citons un exemple d'engagement de ces entreprises : les salaires des personnes les mieux payées ne peuvent excéder 7 fois le salaire le plus bas[13]. Nous retrouvons le plus souvent ce modèle dans le secteur social, mais de plus en plus d'entreprises des secteurs dits lucratifs répondent à ces orientations. Elles font converger le social et l'écologique. C'est une autre vison du salariat et des rapports d'entreprise, le salarié devenant à la fois financeur, en participant au capital, et décideur des choix stratégiques de la structure[14].

11. *Jean-Marc Borello, Hélène Le Teno. Choisir son monde. Agir au quotidien avec les entreprises sociales écologiques. Editions de l'Atelier, 2017*
12. *Espace des Acteurs de l'Économie Sociale et Solidaire http://www.esspace.fr*
13. *http://www.esspace.fr/entreprise-solidaire-d-utilite-sociale.html*
14. *https://www.liberation.fr/debats/2017/06/07/la-transition-ecologique-doit-s-accompagner-d-un-nouveau-modele-d-entreprise_1575024*

Encore une fois, ce changement d'échelle et de conception de l'entreprise ne pourra se faire sans accompagnement, à la fois financier et humain, de la puissance publique. Plan de soutien national, fiscalité adaptée, changement des codes des marchés publics, accompagnement à la reconversion et la formation, évolution de l'enseignement et de la formation, évolution du droit et statut des entreprises comme les *mission-led companies* anglaises (entreprises à mission) dont le statut est hybride c'est-à-dire ayant à la fois un but lucratif et investies d'une mission d'intérêt général[15] (la société Patagonia par exemple). Ces modèles d'entreprises écologiques et solidaires existent dans tous les secteurs et ont montré leur solidité aujourd'hui. Citons par exemple les Biocoop[16], Fournil Bio[17] à Villeneuve d'Ascq, Resantévous, un collectif de spécialistes des approches non-médicamenteuses en gérontologie[18], etc.

Action 2 : mettre ses compétences au service de la Transition en rejoignant des entreprises sociales écologiques

Comptable, graphiste, commercial... les compétences du tertiaire sont recherchées par les entreprises sociales et écologiques. Elles ont souvent moins de moyens que les grandes entreprises privées et les salaires sont souvent moins élevés. Mais le sens est au rendez-vous, les relations humaines aussi, et les responsabilités plus importantes. Je peux m'engager dans ce type d'entreprise et faire à mon niveau ma Transition professionnelle.

Action 3 : se reconvertir

Enfin, qui dit Transition dit aussi requalification. Le travail va changer, les métiers vont changer. Avec la sortie du pétrole nous devrons relocaliser des productions, et redécouvrir des métiers et savoir-faire. Et cette requalification correspond à un désir que de plus en plus de personnes ont dans leur vie professionnelle : la reconversion. De nombreuses personnes changent de profession, de milieu professionnel pour

15. https://prophil.eu/fr/entreprises-a-mission-a-recherche-de-statut/
16. https://www.biocoop.fr
17. http://www.saveursetsaisons.com/notre-fournil-bio/
18. http://www.resantevous.fr

des métiers plus concrets, plus indépendants aussi[19]. Besoin de retrouver du sens, de quitter la ville et ses logiques de surconsommation. Le plus souvent pour gagner moins mais vivre mieux. Le mouvement devient une tendance lourde aujourd'hui avec 100 000 départs des villes par an[20]. Le changement de vie se fait souvent vers une économie dite productive (agriculture ou industrie locale) en lien avec une requalification professionnelle.

19. https://www.blog-emploi.com/ils-ont-change-de-metier-trois-histoires-de-reconversion-professionnelle/
20. https://www.demainlaville.com/exode-urbain-qui-sont-les-neo-ruraux-12/

-CONCLUSION-

ET TOI ? T'ES HEUREUX ?
OH OUI ! JE SUIS HEUREUX PARCE QU'ON EST ENSEMBLE
floutouf

2,1 TONNES, NOTRE QUOTA INDIVIDUEL ANNUEL

2,1 tonnes. Voilà le contrat pour la planète. C'est le quota annuel de CO_2 par habitant sur Terre pour une juste quantité de gaz à effet de serre dans notre atmosphère[1]. Pas plus, pas moins. Bonne nouvelle pour tous ceux qui sont au RSA, ils ont une marge de progression de leur niveau de vie !

« Et si l'urgence climatique était enfin l'occasion de mettre réellement les mots liberté, égalité et fraternité au cœur de notre société ? »

Moins bonne nouvelle pour les classes sociales supérieures, posséder plusieurs logements c'est pas très climato-friendly, ni prendre l'avion tous les quatre matins, il va falloir partager. Mais vous le saviez déjà hein... Jusque-là c'était un vœu pieux ou un combat militant, désormais c'est une nécessité pour la survie de l'espèce humaine. Et si l'urgence climatique était enfin l'occasion de mettre réellement les mots liberté, égalité et fraternité au cœur de notre société ?

LIBERTÉ DES GÉNÉRATIONS FUTURES À DISPOSER DES MÊMES CONDITIONS DE VIE QUE NOUS.

ÉGALITÉ DANS L'ACCÈS AU CONFORT DE BASE DE CHAQUE HABITANT DE LA PLANÈTE.

FRATERNITÉ DANS LES MODES DE PRODUCTION ET DE DÉCISION.

1. Rapport AR5 du GIEC 2018 (https://www.ipcc.ch/site/assets/uploads/2018/02/WG1AR5_all_final.pdf)

Parce qu'en ce moment, à part les voir inscrits au fronton de nos bâtiments officiels, on n'en voit pas des masses la couleur. Le pacte social actuel ressemble plutôt à « travail, famille, patrie ». Traduisons : mon argent, mon clan et sans migrants hein.

Et si un quota individuel de 2,1 tonnes annuel à gérer individuellement était la solution de la justice climatique ? Avec report l'année d'après si non utilisé. « Chérie, l'année prochaine on se fait notre beau voyage en Amérique du Sud ! Et on part 4 semaines pour vraiment en profiter ». Pour une très grande partie de la population, classes populaires et moyennes, c'est jouable. Pour les classes aisées, la limite sera plus dure à poser, sauf si le principe est déjà accepté... Et si la recherche de justice climatique nous amenait aussi à une justice sociale ? Il nous faudrait donc beaucoup beaucoup d'honnêteté et d'engagement. D'honnêteté de chacun face à ses propres pratiques et ses incohérences. D'engagement car cela nécessite de se remettre en question et changer ses habitudes. Notre mode de vie est bien la clé du changement. Vivre simplement, simplement pour que d'autres puissent vivre. 2,1 tonnes c'est donc comme cela que nous sauverons notre maison commune et laisserons une chance aux populations du Sud et aux générations futures de vivre dignement.

« Et si la recherche de justice climatique nous amenait aussi à une justice sociale ? »

Est-ce suffisant pour vivre confortablement ? Oui. **À 2,1 tonnes de CO_2 nous vivrons très bien : une alimentation saine et diversifiée, des loisirs, des voyages, des jeux pour les enfants, un équipement de maison, des services publics pour tous.** On ne revient pas à la bougie ! Nous ne renonçons pas à notre bien-être, bien au contraire nous gagnons en qualité de vie ! **Être plus sobre ne signifie pas pauvreté ou recul, mais limiter les excès actuels.** Nous sortons de l'hyperconsommation folle et aliénante dans laquelle nous sommes. La sobriété *vs* l'ébriété. Nous sommes complètement saouls de l'hyperconsommation, de l'hypermobilité et de l'hyperconnexion. En burn out de la conso, la course en avant permanente. En quête de temps qui manque autant que l'argent. Nous sommes frustrés car éternellement en quête de quelque chose. La quête est vaine et nous y perdons notre temps à gagner l'argent nécessaire. Et pour la plupart d'entre nous, le pouvoir d'achat sera toujours insuffisant.

On a beau retourner l'équation dans tous les sens, la clé est bien la réduction de nos consommations, quelles qu'elles soient. Suis-je prêt à me limiter alors que l'ensemble de la société m'offre la satisfaction immédiate de mes désirs ? Les sociétés humaines du XXIe siècle sont face à elles-mêmes, à leur psychologie collective. Nous sauverons notre peau et celle de nos enfants par la pleine conscience, celle que toutes les spiritualités, qu'elles soient religieuses ou non, appellent de leurs vœux, du moins leurs écrits, depuis l'avènement des civilisations humaines.

Se pose donc la question de la Transition choisie ou subie. Nous changerons peut-être notre mode de vie et notre système quand nous n'aurons plus le choix, au pied des murs financiers et énergétiques. Mais les conséquences seront moins joyeuses pour les plus pauvres et fragiles d'entre nous.

Bilan carbone annuel de la Famille « presque » Zéro Déchet

Classement par postes contributeurs	Émissions (tonnes éq. CO_2)	%
Argent	24	37
Transport	22	34
Logement	12	19
Services publics	3	5
Alimentation	1,9	3
Biens de conso	1,3	2
TOTAL :	64,1	100
Par personne	16	
Par personne et sans « argent »	10	

NOTRE PLAN D'ACTION FAMILLE « PRESQUE » ZÉRO DÉCHET

Après cinq années de démarche Zéro Déchet, sommes-nous devenus une famille au mode de vie soutenable en carbone ? Réduire nos déchets à un bocal par an nous a-t-il permis d'arrêter de réchauffer la planète ? Non, la démarche Zéro Déchet ne suffit pas à devenir totalement soutenable en carbone. Elle est efficace dans le domaine de l'alimentation et des biens de consommation. Nous avons en effet atteint un facteur 4 en revenant à des circuits courts et des aliments bruts (lire page 150). Pour ce qui est des produits et des biens d'équipement, nous avons atteint le facteur 3 en achetant moins, d'occasion, en mutualisant... Le « chantier » pour arriver aux 2,1 tonnes par personne est donc encore devant nous. Mais les domaines à améliorer sont moins complexes, les actions concernant notre argent et nos transports ont en effet des impacts plus grands plus rapidement.

Le plan d'action de la Famille « presque » Zéro Déchet pour les années à venir :

1. Notre argent à la Banque Postale ne génère « que » 480 g de CO_2 par euro. Nous sommes en dessous de la moyenne de 700 g, prise comme référence pour le calcul de l'impact d'une famille traditionnelle. Mais nous pouvons mieux faire. **Passer au Crédit coopératif ou à la Nef et/ou placer notre épargne sur des fonds solidaires labellisés Finansol par exemple.**

2. L'avion ne pardonne pas ! Un long-courrier cette année pour aller au Québec et un moyen-courrier vers un pays frontalier et c'est plié pour nos efforts annuels... Nous avions pourtant réussi à ne pas le prendre pendant deux ans. Il va falloir qu'on se fixe de bonnes résolutions pour cette année et se passer d'avion ! « Ça te dit des vacances à vélo sur la Vélodyssée, chérie ? » **Se fixer un seul vol long-courrier tous les trois ans peut être un bon objectif.** Par contre se passer des deux voitures au quotidien en vivant à la campagne n'est pas possible actuellement pour nous. Ce sera un des compromis les plus difficiles de la Transition. Et si on n'a pas une aide publique là-dessus ça va être compliqué. On veut des trains partout et le maintien des petites lignes ! Et des bus au biométhane en campagne ! Et le tout gratuit[2] !! On veut des pistes cyclables

2. https://reporterre.net/Si-la-gratuite-des-transports-en

partout et des crédits d'impôt selon le coefficient familial pour acheter des vélos ! En attendant, **nous pouvons nous fixer une réduction de nos déplacements en voiture en développant notre bouquet mobilité familiale. École, courses et visites des copains au maximum à vélo cette année les enfants !**

3. Nous sommes locataires d'une maison traditionnelle cette année, nous avons donc pris les données moyennes ADEME pour calculer l'impact de notre logement. Mais nous projetons d'acheter une nouvelle habitation cette année. **Notre rêve serait de construire une maison écologique en paille et bois, autonome en énergie et eau.** Mais ce sera peut-être finalement un achat de maison ou appartement existant. Dès lors, nous nous fixerons un objectif de classe énergie A. Cette résolution sera plus longue à tenir mais sera indispensable pour baisser ces 12 % de nos émissions carbone ! Le dilemme se situera sans doute là : « être dans le centre-ville pour se passer d'au moins une voiture ou être en périphérie pour pouvoir construire, mais garder les deux voitures… » Ne serait-ce pas le problème de beaucoup de gens aujourd'hui avec l'étalement urbain et le modèle des banlieues à l'américaine qui prévaut depuis les années 1960 ? Nous risquons donc de devoir trancher et sans doute faire une croix sur le rêve de maison écologique. À suivre…

Bilan carbone annuel Famille « Carbone soutenable »

Classement par postes contributeurs	émissions (tonnes éq. CO_2)	%
Argent	10	55
Services publics	2,98	16
Alimentation	1,92	11
Logement	1,2	7
Biens de conso	1,29	7
Transport	0,8	4
TOTAL :	18,2	100
Par personne	4,5	
Par personne et sans « argent »	2,05	

avec une voiture dans le foyer	émissions (tonnes éq. CO_2)	%
Argent	10	42
Transport	6,4	27
Services publics	2,98	13
Alimentation	1,92	8
Logement	1,2	5
Biens de conso	1,29	5
TOTAL	23,8	100
Par personne	5,9	
Par personne et sans « argent »	3,45	

Quota carbone pour 7,5 milliards d'individus : 2,1 tonnes éq. CO_2/an

La famille « carbone soutenable » est à 2,05 tonnes d'éq. CO_2 par an et par personne c'est-à-dire un facteur 5, c'est donc possible… En suivant le plan d'action que nous avons décrit plus haut nous pouvons y arriver : reprendre le contrôle de son argent en banque, supprimer la voiture et l'avion, ou les réduire très fortement, habiter dans une maison peu consommatrice d'énergie, manger *via* des circuits courts, diviser sa consommation par trois et encourager la transition énergétique dans les services publics, nous avons maintenant les clés de la Transition.

LES 12 ACTIONS DE MA TRANSITION ÉCOLOGIQUE PAR ORDRE DE PRIORITÉ :

- Changer de banque pour une banque éthique et/ou locale
- Devenir un épargnant solidaire
- Supprimer ou réduire l'avion
- Supprimer ou réduire la voiture : développer son bouquet mobilité et l'autopartage
- Construire ou rénover en matériaux locaux écologiques
- Baisser sa consommation d'énergie pour le chauffage et l'électricité
- Refuser de s'approvisionner dans la grande distribution et manger en circuits courts, bio, de saison
- Consommer raisonnablement (diviser par trois par rapport à la conso moyenne)
- Acheter d'occasion
- Mutualiser/partager ses biens d'équipement et produits de consommation
- Réduire ses dépenses de santé
- Se mobiliser pour une éducation en Transition

FOCUS

... Faire du Zéro Déchet si mon argent est à la BNP, ça ne suffit pas

... Être végétarien si je prends l'avion, ça ne suffit pas

... Marcher pour le climat si mon assurance-vie finance le charbon chinois, ça ne marche pas

... Fermer le robinet si je mange un burger au bœuf équivalant à 6 mois de douche, ça ne sert pas à grand-chose

... Être permaculteur si mon logement est une passoire énergétique, ça ne suffit pas

.... Acheter en vrac si c'est en grande distribution, c'est incohérent

ICI ET ENSEMBLE

Le changement individuel est indissociable des actions collectives. L'un ne pourra se faire sans l'autre. *« Aucun changement majeur ne verra donc le jour sans une alliance objective entre la sphère politique et les citoyens »* écrit Cyril Dion[3]. Nous ne pourrons pas respecter notre quota individuel d'émissions carbone de 2,1 tonnes si le secteur financier ne sépare pas la spéculation et l'investissement. Si la création de banques locales et coopératives n'est pas rendue possible par la législation. Si les transports collectifs et la relocalisation du travail en campagne ne sont pas mis en place. Si les circuits courts et l'autosuffisance alimentaire des territoires ne sont pas une priorité des pouvoirs publics. Si le soutien à l'écorénovation des bâtiments ne fait pas l'objet d'un plan national massif. Nous ne pourrons pas opérer un changement rapide et massif sans décisions politiques d'ampleur, inscrites dans la loi et définies par un pacte commun. Un plan Marshall de la Transition.

La démocratie représentative est donc mise à l'épreuve aujourd'hui dans sa capacité à évoluer et sortir de la logique des lobbies et des intérêts particuliers. Comme le dénonce Nicolas Hulot dans son grand entretien du 28 août sur France Inter annonçant sa démission du ministère de la Transition[4]. Son échec et sa démission ont touché de nombreux citoyens. Ils sont la manifestation flagrante du verrouillage par le haut de notre système de décision démocratique et la vision court-termiste des acteurs économiques. La République devra être en capacité de contrer les grands groupes « anthropophages » qui ont pris les rênes de la politique et de la gouvernance mondiale en l'annonçant clairement, « Tomorrow is our business »[5].

Quel bonheur ce serait si la République actuelle fonctionnait à 100 % et était la réponse ! Elle peine malheureusement à mettre en place ce changement. Ce n'est pas tant une question de courage politique ou de moyens financiers disponibles que de volonté. Notre République est verrouillée par le haut, noyautée et dévoyée par les intérêts particuliers d'une élite avide et sans limite.

3. Petit Manuel de résistance contemporaine. Actes Sud, 2018
4. Entretien France Inter 28 août 2018 https://www.franceinter.fr/emissions/l-invite-de-8h20-le-grand-entretien/l-invite-de-8h20-le-grand-entretien-28-aout-2018
5. http://corporate.danone.fr/explorer/danone-en-france/journee-du-21-septembre

Nous devons entrer en résistance pour faire sauter ces verrous. N'attendons pas un homme providentiel avec son karcher ou encore son « ni gauche ni droite » qui doit nous mettre en marche. Les présidents à la cape et au slip rouge élus depuis 20 ans ont démontré leur manque de volonté d'organiser une Transition écologique, économique et sociale pour tous. *« N'attendons pas la cavalerie, elle n'arrivera plus. Mais que se passerait-il si la cavalerie c'était nous ? »* nous invite à imaginer Rob Hopkins[6]. Engageons-nous et utilisons la sphère locale comme moyens d'action et de pression. Devenons les élus locaux. Les communautés de communes et les agglomérations peuvent être une échelle adaptée pour la Transition, notamment celle des flux clés locaux : alimentation, énergie, eau, transports. Et le terrain d'une possible démocratie, directe celle-là[7]. Par nos projets de Transition collectifs locaux nous pouvons rebattre les cartes de la démocratie centralisée. Créons des coopératives d'achats, de production alimentaire et d'énergie, de gestion financière, de transports collectifs doux[8]. Imposons la décentralisation du système actuel. La clé du déverrouillage politique sera sans doute « locale et collective » ou, si on décline : « petit et commun », « réel et partagé », « ici et ensemble ».

« La clé du déverrouillage politique sera sans doute locale et collective. »

6. Rob Hopkins, Lionel Astruc. Le Pouvoir d'agir ensemble, ici et maintenant. Actes Sud, 2015
7. Rob Hopkins. Manuel de Transition. Ecosociété, 2010
8. Raphaël Souchier. Made in local. Eyrolles, 2013

BIBLIOGRAPHIE ET RESSOURCES

LES LIVRES QUI NOUS ONT TANT INSPIRÉS ! UN IMMENSE MERCI AUX AUTEURS.

Bibliographie

- **Ariès Paul.** *Démarque-toi ! Petit Manuel anti-pub.* Golias, 2004

- **Ariès Paul.** *Désobéir et grandir.* Écosociété, 2009.

- **Astruc Lionel, Gros Cécile.** *Manger local: S'approvisionner et produire ensemble.* Actes Sud, 2011.

- **Barber Benjamin R.** *Et si les maires gouvernaient le monde ?* Rue de l'Echiquier, 2015.

- **Bihouix Philippe, Mauvilly Karine.** *Le Désastre de l'école numérique.* Le Seuil, 2016.

- **Bihouix Philippe.** *L'Âge des low tech.* Le Seuil, 2014.

- **Borello Jean-Marc, Le Teno Hélène.** *Choisir son monde. Agir au quotidien avec les entreprises sociales écologiques.* Editions de l'Atelier, 2017.

- **Bourg Dominique.** *Une Nouvelle Terre.* Desclée de Brouwer, 2018.

- **Bourg Dominique, Papaux Alain.** *Dictionnaire de la pensée écologique.* Presses universitaires de France, 2015.

- **Bourg Dominique, Roch Philippe.** *Sobriété volontaire. En quête de nouveaux modes de vie.* Labor et Fides, 2012.

- **Castel Robert.** *L'Insécurité sociale. Qu'est-ce qu'être protégé ?* La République des idées, 2003.

- **Corréard Valère.** *Changer d'ère l'air de rien.* Rue de l'échiquier, 2018.

- **De Rostolan Maxime.** *On a 20 ans pour changer le monde.* Larousse, 2018.

- **Dion Cyril.** *Demain. Un nouveau monde en marche.* Actes Sud, 2015.

- **Dion Cyril.** *Petit Manuel de résistance contemporaine.* Actes Sud, 2018.

- **Fardet Anthony.** *Halte aux aliments ultratransformés ! Mangeons vrai.* Thierry Souccar, 2017.

- **Giraud Gaël.** *Illusion financière, édition revue et augmentée.* Editions de l'Atelier, 2014.

- **Gruffat Claude.** *Les dessous de l'alimentation Bio.* La Mer salée, 2017.

- **Guénolé Thomas.** *La Mondialisation malheureuse.* First, 2016.

- **Heinberg Richard.** *La Fin de la croissance : s'adapter à notre nouvelle réalité économique.* Demi-Lune, 2012.

- **Hopkins Rob, Astruc Lionel.** *Le Pouvoir d'agir ensemble, ici et maintenant.* Actes Sud, 2015.

- **Hopkins Rob.** *Manuel de transition, de la dépendance au pétrole à la résilience locale.* Ecosociété, 2010.

- **Hulot Nicolas, Shiva Vandana.** *Le Cercle vertueux. Entretiens avec Lionel Astruc.* Actes Sud, 2018..

- **Jacquard Albert.** *J'accuse l'économie triomphante.* Calmann-Lévy, 1995.

- **Karila Laurent, Benhaiem Annabel.** *Accro ! Nouvelles addictions : sexe, internet, shopping, réseaux sociaux. Toutes les clés pour s'en sortir.* Flammarion, 2013.

- **Keen Steve.** *Pouvons-nous éviter une autre crise financière ?* Les Liens qui libèrent, 2017.

- **Klein Naomi.** *Tout peut changer.* Actes Sud, 2015.

- **Latouche Serge.** *Petit Traité de la décroissance sereine.* Mille et Une Nuits, 2007.

- **Meadows Dennis, Meadows Donella, Randers Jorgen.** *Les Limites de la croissance dans un monde fini.* Rue de l'Echiquier, 2012.

- **Morin François.** *Le Nouveau Mur de l'argent. Essai sur la finance globalisée.* Le Seuil, 2006.

- **NégaWatt (association).** *Manifeste NégaWatt. En route pour la transition énergétique !* Actes Sud, 2015.

- **Paech Niko.** *Se libérer du superflu.* Rue de l'Échiquier, 2012.

- **Pelluchon Corine.** *Ethique de la considération.* Seuil, 2018.

- **Porcher Thomas.** *Traité d'économie hérétique : en finir avec le discours dominant.* Fayard, 2018.

- **Rees William, Wackernagel Mathis.** *Notre empreinte écologique.* Écosociété, 2009.

- **Roubat Sarah.** *Trouve le verbe de ta vie : lettre à un ado.* La Nage de l'Ourse, 2015.

- **Servigne Pablo, Stevens Raphaël.** *Comment tout peut s'effondrer. Petit manuel de collapsologie à l'usage des générations présentes.* Seuil, 2015.

- **Socialter, n°28,** « *L'Âge de métal* », avril-mai 2018.

- **Souchier Raphaël.** *Made in local. Emploi, croissance, durabilité : et si la solution était locale ?* Eyrolles, 2013.

- **Van Reybrouck David.** *Congo.* Actes Sud, 2012.

Ressources

• RAPPORTS ET ÉTUDES

- **ADEME.** *Alléger l'empreinte environnementale de la consommation des Français en 2030.* Rapport ADEME 2014
https://www.ademe.fr/alleger-lempreinte-environnementale-consommation-francais-2030-synthese

- **ADEME :** *Déchets, chiffres clés, édition 2016.*
https://www.ademe.fr/sites/default/files/assets/documents/dechets-chiffres-cles-edition-2016-8813.pdf

- **ADEME.** *Modélisation et évaluation des impacts environnementaux de produits de consommation et biens d'équipement,*2018.
https://www.ademe.fr/sites/default/files/assets/documents/acv-biens-equipements-201809-rapport.pdf

- **ADEME.** *ACV comparative voiture thermique vs voiture électrique :*
https://www.ademe.fr/sites/default/files/assets/documents/90511_acv-comparative-ve-vt-rapport.pdf

- **ATTAC Europe,** *Manifeste « Dix ans après le début de la crise financière, l'avenir est entre nos mains »*, tribune signée par un collectif de représentants d'Attac Europe le 12 septembre 2018 et à lire sur liberation.fr
https://www.liberation.fr/debats/2018/09/12/dix-ans-apres-le-debut-de-la-crise-financiere-l-avenir-est-entre-nos-mains_1678172

- **Cochet Y et Buckle E.** Rapport du 31 mai 2012 sur le financement des Etats aux énergies fossiles « *Fossil Fuel Subsidies and government Support in 24 OECD countries* »
http://www.oecd.org/environment/oecd-companion-to-the-inventory-of-support-measures-for-fossil-fuels-2015-9789264239616-en.htm

- **FMI.** *Rapport sur la stabilité financière mondiale.*
https://www.imf.org/en/Publications/GFSR/Issues/2017/09/27/global-financial-stability-report-october-2017

- **International Rescue Committee.** *Rapport sur le Congo, 2004.*
https://www.rescue.org/sites/default/files/document/661/2006-7congomortalitysurvey.pdf

- **INSEE.** L'Economie française. *Comptes et dossiers.* Édition 2007.
https://www.insee.fr/fr/statistiques/3614262

- **INSEE.** *Rapport sur la consommation des ménages.*
https://www.insee.fr/fr/statistiques/3303442?sommaire=3353488

- **Manifeste pour une frugalité heureuse :** *architecture et aménagement des territoires urbains et ruraux.*
https://www.frugalite.org/fr/le-manifeste.html

- Manuel éthique et pratique pour construire sans les multinationales.
http://asso-lesa.com/b-btp-bois-terre-paille/

- **NégaWatt (association).** *Scénario négaWatt* 2017-2050.
https://www.negawatt.org

- **OCDE** *Travaux sur la croissance verte.*
http://www.oecd.org/fr/croissanceverte/travauxdelocdesurlacroissanceverte.htm

- **Onema et Commissariat général au développement durable.** *Rapport Repères. L'eau et les milieux aquatiques Chiffres clés.* Edition 2016.
https://www.afbiodiversite.fr/fr/actualites/les-chiffres-cles-sur-leau-et-les-milieux-aquatiques-2016

- **Oxfam.** *Insatiable richesse : toujours plus pour ceux qui ont déjà tout*, 2015.
https://www.oxfam.org/fr/rapports/insatiable-richesse-toujours-plus-pour-ceux-qui-ont-deja-tout

- **Programme des Nations Unies pour l'environnement.** *Rapport Decoupling natural resource use and environmental impacts from economic growth*,12 mai 2011.
http://www.resourcepanel.org/reports/decoupling-natural-resource-use-and-environmental-impacts-economic-growth

- **Rapport sur l'apport du secteur de la culture à l'économie française.** Pierre Moscovici, ministre de l'Economie et des Finances, et Aurélie Filippetti, ministre de la Culture et de la Communication, avaient confié une mission à l'Inspection générale des finances (IGF) et l'Inspection générale des affaires culturelles (IGAC), en vue de mesurer le « *poids économique* » de la culture en termes de valeur ajoutée, de production et d'emplois. Cette étude a été rendue publique le 3 janvier 2014.
https://www.economie.gouv.fr/etude-sur-apport-culture-a-l-economie-francaise

- **Rapport du Sénat** *sur le coût économique et financier de la pollution atmosphérique.*
http://www.senat.fr/commission/enquete/cout_economique_et_financier_de_la_pollution_de_lair.html

- **Réseau Action Climat**. *« Projet de loi d'avenir pour les transports et la mobilité dont la France a besoin ».*
https://reseauactionclimat.org/wp-content/uploads/2018/05/projet-de-loi-transports-ong.pdf

- **WWF,** *empreinte écologique. Rapport planète vivante 2018.*
https://www.wwf.fr/sites/default/files/doc-2018-10/20181030_Rapport_Planete_Vivante_2018_synthese.pdf

Sites web

CHAPITRE 1 - NOTRE VIE EST UN ICEBERG

- ADEME : http://www.ademe.fr

- Eau France : https://www.eaufrance.fr/actualites/empreinte-eau-quel-niveau-de-pression-exercee-par-les-menages

- Fondation Biodiversité : http://www.fondationbiodiversite.fr/fr/societe/avec-la-societe/climat-et-biodiversite/introduction.html

- Le Climat Entre Nos Mains – Site de mesure de l'empreinte carbone : https://leclimatentrenosmains.org

- Water footprint nertwork : https://waterfootprint.org/en/

- WWF. L'empreinte écologique et le jour de dépassement : https://www.wwf.fr/overshoot-day-2017

CHAPITRE 2 - LES CORNICHONS DE LA MONDIALISATION, C'EST NOUS !

- Alternatives économiques : https://blogs.alternatives-economiques.fr/gadrey/2014/09/13/la-finance-pese-t-elle-100-fois-plus-que-l-economie-reelle-10-fois-plus-bien-moins

- Amnesty international : https://amnesty.fr

- Arte TV : https://www.telerama.fr/television/le-petrole,-un-monde-de-brut-a-decouvrir-sur-arte,n5908305.php

- Connaissance des Énergies : https://www.connaissancedesenergies.org/fiche-pedagogique/reserves-de-petrole-dans-le-monde

- Ideas for development : http://ideas4development.org/la-vraie-dependance-de-notre-pib-aux-energies-fossiles/

- INSEE : https://www.insee.fr/fr/statistiques/

- Médiapart : https://blogs.mediapart.fr/yasuhiko-yamazaki/blog/060716/quelle-est-la-difference-entre-leconomie-reelle-et-leconomie-financiere

- Wikiagri : http://wikiagri.fr/articles/les-10-chiffres-a-retenir-sur-la-situationde-la-faim-dans-le-monde/1247

CHAPITRE 3 - LA CROISSANCE VERTE OU LE DÉVELOPPEMENT DURABLE 2.0

- France Culture : https://www.franceculture.fr/emissions/la-grande-table-2eme-partie/quelle-terre-pour-demain-dominique-bourg-creuse-son-sillon
- Ministère de la Transition écologique et Solidaire : https://www.ecologique-solidaire.gouv.fr/feuille-route-economie-circulaire-frec
- The Conversation : https://theconversation.com/dechets-plastiques-la-dangereuse-illusion-du-tout-recyclage-90359
- Wikipédia : https://fr.m.wikipedia.org/wiki/Énergie_solaire_en_France

CHAPITRE 4 - LA RÉVOLUTION COMMENCE PAR SOI-MÊME

- Économie de la Fonctionnalité : http://economiedefonctionnalite.fr

CHAPITRE 6 - MA TRANSITION FINANCIÈRE : LA PRIORITÉ

- Crédit Coopératif : https://tousbanquiers.credit-cooperatif.coop/adhérer-à-un-projet-qui-vous-ressemble
- Épargnons solidaire : http://www.epargnonssolidaire.fr
- Finances responsables : http://financeresponsable.org/entreprise.php
- Finansol : https://www.finansol.org
- ISR : http://www.investissement-socialement-responsable.org/
- La Nef : https://www.lanef.com
- Les Amis de la terre : www.amisdelaterre.org
- Move your money : https://www.moveyourmoney.com
- Novethic : https://www.novethic.fr
- Service public : https://www.service-public.fr/professionnels-entreprises/vosdroits/F31837
- Slow Money : http://www.slowmoney.fr
- Terres de Liens : https://terredeliens.org
- The Shift project : www.theshiftproject.org/
- Utopies : http://www.utopies.com

CHAPITRE 7 - MA TRANSITION DES TRANSPORTS

- Greenpeace, Campagne Climat et Energie : *http://www.greenpeace.org/belgium/fr/nos-campagnes/climat-energie/defis/petrole/*

CHAPITRE 8 - MA TRANSITION DU LOGEMENT

- CLER, réseau pour la Transition énergétique : *https://cler.org/une-ppe-ambitieuse-pour-une-transition-energetique-et-solidaire/*

- CNRS : *http://www.cnrs.fr/cw/dossiers/doseau/decouv/preservation/05_proteger.htm*

- Colibris, le mouvement : *https://www.colibris-lemouvement.org*

- Ecoconso : *http://www.ecoconso.be/fr/*

- Enercoop : *http://www.enercoop.fr*

- Eolien citoyen : *https://eolien-citoyen.fr*

- Faire : *https://www.faire.fr*

- Mr Mondialisation : *https://mrmondialisation.org/manifeste-pour-construire-sans-les-multinationales/*

SUIVEZ-NOUS

FAMILLE presque ZERO DECHET

→ Retrouvez-nous sur notre blog **www.famillezerodechet.com** et notre **page Facebook.**

→ Rejoignez notre **groupe Facebook zérodéchet family**

→ Faites-nous partager vos succès grâce notamment au hashtag **#famillezerodechet**.

Famille en transition

- Commown, PC et téléphone durable : https://commown.fr

- Fairphone : https://www.fairphone.com/fr/

- GreenIT : https://www.greenit.fr. L'empreinte numérique : https://www.greenit.fr/2018/10/11/wegreenit-quantifie-empreinte-numerique/

- Repair café : https://repaircafe.org/fr/

- Rien de neuf, la campagne de Zéro Waste France : http://riendeneuf.org

- Upcycling : http://www.upcycling-france.com

CHAPITRE 11 - MA TRANSITION PUBLIQUE

- Ecolo creche : http://www.ecolo-creche.fr

- Ecotoxicologie : http://www.ecotoxicologie.fr

CHAPITRE 12 - MA TRANSITION PROFESSIONNELLE

- Biocoop : https://www.biocoop.fr

- Demain la ville : https://www.demainlaville.com/exode-urbain-qui-sont-les-neo-ruraux-12/

- ESS. Espace des acteurs de l'économie sociale et solidaire : http://www.esspace.fr

Ressources au Canada

Vous vivez au Canada et cherchez des aides pour faire la Transition ?

Voici toutes nos ressources pour nos amis québécois :

https://www.thierrysouccar.com/info/ressources-canada-famille-en-transition-5048

CHAPITRE 9 - MA TRANSITION ALIMENTAIRE

- AMAP, le réseau : *http://reseau-amap.org*
- ANDES, réseau des épiceries solidaires : *https://andes-france.com*
- Bio et Local : *http://bioetlocal.org/manger-bio-toute-lannee-pres-de-chez-vous/*
- Biocoop : *https://www.biocoop.fr*
- Blue Bees : *https://bluebees.fr*
- Cœur paysan : *http://www.coeur-paysan.com*
- Fédération nationale d'agriculture biologique des régions de France : *http://bioetlocal.org*
- Fermes d'avenir : *https://fermesdavenir.org/*
- I Boycott : *https://www.i-boycott.org/*
- Jardins partagés : *http://jardins-partages.org*
- La Louve supermarché coopératif, Paris : *https://cooplalouve.fr*
- La Nutrition : *https://www.lanutrition.fr*
- La Ruche qui dit oui : *https://laruchequiditoui.fr/fr*
- L'Atelier paysan : *https://www.latelierpaysan.org*
- L'Ecole des Jardiniers : *http://lecoledesjardiniers.fr*
- Lydia et Claude Bourguignon, Laboratoire d'analyse microbiologique des sols LAMS : *https://www.lams-21.com*
- Organic Valley : *www.organicvalley.coop*
- Réseau Vrac : *https://www.reseauvrac.org/epiceries-vrac/*
- Transition France, le mouvement de la Transition en France : *http://www.entransition.fr*

CHAPITRE 10 - MA TRANSITION CONSO

- Banque mondiale : *http://www.banquemondiale.org/fr/who-we-are*
- Casseurs de pub : *www.casseursdepub.org/*